定位经典丛书
对美国营销影响巨大的观念

什么是战略

TROUT ON STRATEGY

CAPTURING MINDSHARE, CONQUERING MARKETS

[美] **杰克·特劳特**（Jack Trout） 著

火华强◎译

机械工业出版社
CHINA MACHINE PRESS

Jack Trout. Trout on Strategy：Capturing Mindshare，Conquering Markets.
ISBN 978-0-07-143794-3

北京市版权局著作权合同登记　图字：01-2010-5154 号。

图书在版编目（CIP）数据

什么是战略 /（美）特劳特（Trout, J.）著；火华强译 . —北京：机械工业出版社，2011.1（2025.4 重印）
（定位经典丛书）
书名原文：Trout on Strategy: Capturing Mindshare, Conquering Markets

ISBN 978-7-111-32734-9

Ⅰ . 什…　Ⅱ . ①特…　②火…　Ⅲ . 公司 – 企业管理 – 经验 – 美国　Ⅳ . F279.712.46

中国版本图书馆 CIP 数据核字（2010）第 243957 号

机械工业出版社（北京市西城区百万庄大街22 号　邮政编码　100037）
责任编辑：左　萌　　　　版式设计：刘永青
北京机工印刷厂有限公司印刷
2025 年 4 月第 1 版第 38 次印刷
170mm × 242mm · 11.75 印张
标准书号：ISBN 978-7-111-32734-9
定价：38.00 元

客服电话：（010）88361066　68326294

目 录

POSITIONING

中国正处在一个至关重要的十字路口上。制造廉价产品已使中国有了很大的发展，但上升的劳动力成本、环境问题、收入不平等以及对创新的需求都意味着重要的不是制造更廉价的产品，而是更好地进行产品营销。只有这样，中国才能赚更多的钱，才能在员工收入、环境保护和其他方面进行更大的投入。这意味着中国需要更好地掌握如何在顾客和潜在顾客的心智中建立品牌和认知，如何应对国内及国际上无处不在的竞争。

这也正是我的许多书能够发挥作用的地方。它们都是关于如何通过在众多竞争者中实现差异化来定位自己的品牌；它们都是关于如何保持简单、如何运用常识以及如何寻求显而易见又强有力的概念。总的来讲，无论你想要销售什么，它们都会告诉你如何成为一个更好的营销者。

我的中国合伙人邓德隆先生正将其中的很多理论在中国加以运用，他甚至为企业家开设了"定位"培训课程。但是，中国如果要建立自己的品牌，正如你们在日本、韩国和世界其他地方所看到的那些品牌，你们依然有很长的路要走。

但有一件事很明了：继续"制造更廉价的产品"只会死路一条，因为其他国家会想办法把价格压得更低。

杰克·特劳特

致中国读者 POSITIONING

马克思的伟大贡献在于，他深刻地指出了，以生产工具为标志的生产力的发展，是社会存在的根本柱石，也是历史的第一推动力——大思想家李泽厚如是总结马克思的唯物史观。

第一次生产力革命：泰勒"科学管理"

从唯物史观看，赢得第二次世界大战（以下简称"二战"）胜利的关键历史人物并不是丘吉尔、罗斯福与斯大林，而是弗雷德里克·泰勒。泰勒的《科学管理原理》[一]掀起了人类工作史上的第一次生产力革命，大幅提升了体力工作者的生产力。在泰勒之前，人类的精密制造只能依赖于能工巧匠（通过师傅带徒弟的方式进行培养，且人数不多），泰勒通过将复杂的工艺解构为简单的零部件后再组装的方式，使得即便苏格拉底或者鲁班再世恐怕也未必能造出来的智能手机、电动汽车，现在连普通的农民工都可以大批量制造出来。"二战"期间，美国正是全面运用了泰勒"更聪明地工作"方法，使得美国体力工作者的生产力爆炸式提高，远超其他国家，美国一国产出的战争物资比其他所有参战国的总和还要多——这才是"二战"胜利的坚实基础。

[一] 本书中文版已由机械工业出版社出版。

欧洲和日本也正是从"二战"的经验与教训中，认识到泰勒工作方法的极端重要性。两者分别通过"马歇尔计划"和爱德华·戴明，引入了泰勒的作业方法，这才有了后来欧洲的复兴与日本的重新崛起。包括 20 世纪 80 年代崛起的"亚洲四小龙"，以及今日的"中国经济奇迹"，本质上都是将体力工作者的生产力大幅提升的结果。

泰勒的贡献不止于此，根据唯物史观，当社会存在的根本柱石——生产力得到发展后，整个社会的"上层建筑"也将得到相应的改观。在泰勒之前，工业革命造成了资产阶级与无产阶级这两大阶级的对峙。随着生产力的发展，体力工作者收入大幅增加，工作强度和时间大幅下降，社会地位上升，并且占据社会的主导地位。前者的"哑铃型社会"充满了斗争与仇恨，后者的"橄榄型社会"则相对稳定与和谐——体力工作者生产力的提升，彻底改变了社会的阶级结构，形成了我们所说的发达国家。

体力工作者工作强度降低，人类的平均寿命因此相应延长。加上工作时间的大幅缩短，这"多出来"的许多时间，主要转向了教育。教育时间的大幅延长，催生了一场更大的"上层建筑"的革命——资本主义的终结与知识社会的出现。1959 年美国的人口统计显示，靠知识（而非体力）"谋生"的人口超过体力劳动者，成为劳动人口的主力军，这就是我们所说的知识社会。目前，体力工作者在美国恐怕只占 10% 左右了。知识社会的趋势从美国为代表的发达国家开始，向全世界推进。

第二次生产力革命：德鲁克"组织管理"

为了因应知识社会的来临，彼得·德鲁克创立了管理这门独立的学科（核心著作是《管理的实践》及《卓有成效的管理者》⊖），管理学科的系统建立与广泛传播大幅提升了组织的生产力，使社会能容纳如此巨大的知识群体，并让他们创造绩效成为可能，这是人类史上第二次"更聪明地工作"。

在现代社会之前，全世界最能吸纳知识工作者的国家是中国。中国自汉代以来的文官制度，在隋唐经过科举制定型后，为知识分子打通了从最底层通向上层的通道。这不但为社会注入了源源不断的活力，也为人类创造出了光辉灿烂的文化，是中国领先于世界的主要原因之一。在现代社会，美国每年毕业的大学生就高达百万以上，再加上许多在职员工通过培训与进修，从体力工作者转化为知识工作者的人数就更为庞大了。特别是"二战"后实施的《退伍军人权利法案》，几年间将"二战"后退伍的军人几乎全部转化成了知识工作者。如果没有高效的管理，整个社会将因无法消化这么巨大的知识群体而陷入危机。

通过管理提升组织的生产力，现代社会不但消化了大量的知识群体，甚至还创造出了大量的新增知识工作的需求。与体力工作者的生产力是以个体为单位来研究并予以提升不同，知识工作者的知识本身并不能实现产出，必须借助组织这个"生产单位"来利用他们的知识，才可能产出成果。正

⊖　这两本书中文版已由机械工业出版社出版。

是管理学让组织这个生产单位创造出应有的巨大成果。

要衡量管理学的成就，我们可以将 20 世纪分为前后两个阶段来进行审视。20 世纪前半叶是人类有史以来最血腥、最残暴、最惨无人道的半个世纪，短短 50 年的时间内居然发生了两次世界大战，最为专制独裁及大规模的种族灭绝都发生在这一时期。反观"二战"后的 20 世纪下半叶，直到 2008 年金融危机为止，人类享受了长达近 60 年的经济繁荣与社会稳定。虽然地区摩擦未断，但世界范围内的大战毕竟得以幸免。究其背后原因，正是通过恰当的管理，构成社会并承担了具体功能的各个组织，无论是企业、政府、医院、学校，还是其他非营利机构，都能有效地发挥应有的功能，同时让知识工作者获得成就和满足感，从而确保了社会的和谐与稳定。20 世纪上半叶付出的代价，本质上而言是人类从农业社会转型为工业社会缺乏恰当的组织管理所引发的社会功能紊乱。20 世纪下半叶，人类从工业社会转型为知识社会，虽然其剧变程度更烈，但是因为有了管理，乃至于平稳地被所有的历史学家忽略了。如果没有管理学，历史的经验告诉我们，20 世纪下半叶，很有可能会像上半叶一样令我们这些身处其中的人不寒而栗。不同于之前的两次大战，现在我们已具备了足以多次毁灭整个人类的能力。

生产力的发展、社会基石的改变，照例引发了"上层建筑"的变迁。首先是所有制方面，资本家逐渐无足轻重了。在美国，社会的主要财富通过养老基金的方式被知识员工所持有。从财富总量上看，再大的企业家（如比尔·盖茨、巴菲特等巨富）与知识员工持有的财富比较起来，也只是沧海一粟而已。更重要的是，社会的关键资源不再是资本，而是知识。社会的代表人物也不再是资本家，而是知识精英或各类顶级专才。整个社会开始转型为"后资本主义社会"。社会不再由政府或国家的单一组织治理或统治，而是走向由知识组织实现自治的多元化、多中心化。政府只是众多大型组织之一，而且政府中越来越多的社会功能还在不断外包给各个独立自治的社会组织。如此众多的社会组织，几乎为每个人打开了"从底层通向上层"的通道，意味着每个人都可以通过获得知识而走向成功。当然，这同时也意味着不但在同一知识或特长领域中竞争将空前激烈，而且在不同知识领域之间也充满着相互争辉、相互替代的竞争。

正如泰勒的成就催生了一个知识型社会，德鲁克的成就则催生了一个竞争型社会。对于任何一个社会任务或需求，你都可以看到一大群管理良好的组织在全球展开争夺。不同需求之间还可以互相替代，一个产业的革命往往来自另一个产业的跨界打劫。这又是一次史无前例的社会巨变！人类自走出动物界以来，上百万年一直处于"稀缺经济"的生存状态中。然而，在短短的几十年里，由于管理的巨大成就，人类居然可以像儿童置身于糖果店中一般置身于"过剩经济"的"幸福"状态中。然而，这却给每家具体的企业带来了空前的生存压力，如何从激烈的竞争中存活下去。人们呼唤第三次生产力革命的到来。

第三次生产力革命：特劳特"定位"

对于企业界来说，前两次生产力革命，分别通过提高体力工作者和知识工作者的生产力，大幅提高了企业内部的效率，使得企业可以更好更快地满足顾客需求。这两次生产力革命的巨大成功警示企业界，接下来他们即将面临的最重大的挑战，将从管理企业的内部转向管理企业的外部，也就是顾客。德鲁克说，"企业存在的唯一目的是创造顾客"，而特劳特定位理论，将为企业创造顾客提供一种新的强大的生产工具。

竞争重心的转移

在科学管理时代，价值的创造主要在于多快好省地制造产品，因此竞争的重心在工厂，工厂同时也是经济链中的权力中心，生产什么、生产多少、定价多少都由工厂说了算，销售商与顾客的意愿无足轻重。福特的名言是这一时代权力掌握者的最好写照——你可以要任何颜色的汽车，只要它是黑色的。在组织管理时代，价值的创造主要在于更好地满足顾客需求，相应地，竞争的重心由工厂转移到了市场，竞争重心的转移必然导致经济权力的同步转移，离顾客更近的渠道商就成了经济链中的权力掌握者。互联网企业家巨大的影响力并不在于他们的财富之多，而在于他们与世界上最大的消费者群体最近。而现在，新时代的竞争重心已由市场转移至心智，经济权力也就由渠道继续前移，转移至顾客，谁能获取顾客心智的力量，谁就能摆脱渠道商的控制而握有经济链中的主导权力。在心智时代，顾客选择的力量掌握了任何一家企业、任何渠道的生杀大权。价值的创造，一方面来自企业因为有了精准定位而能够更加高效地使用社会资源，另一方面来自顾客交易成本的大幅下降。

选择的暴力

杰克·特劳特在《什么是战略》[⊖]开篇中描述说："最近几十年里，商业发生了巨变，几乎每个品类可选择的产品数量都有了出人意料的增长。例如，在 20 世纪 50 年代的美国，买小汽车就是在通用、福特、克莱斯勒或美国汽车这四家企业生产的车型中挑选。今天，你要在通用、福特、克莱斯勒、丰田、本田、大众、日产、菲亚特、三菱、雷诺、铃木、宝马、奔驰、现代、大宇、马自达、五十铃、起亚、沃尔沃等约 300 种车型中挑选。"甚至整个汽车品类都将面临高铁、短途飞机等新一代跨界替代的竞争压力。汽车业的情形，在其他各行各业中都在发生。移动互联网的发展，更是让全世界的商品和服务来到我们面前。如何对抗选择的暴力，从竞争中胜出，赢得顾客的选择而获取成长的动力，就成了组织生存的前提。

这种"选择的暴力"，只是展示了竞争残酷性的一个方面。另一方面，知识社会带来的信息爆炸，使得本来极其有

⊖ 本书中文版已由机械工业出版社出版。

限的顾客心智更加拥挤不堪。根据哈佛大学心理学博士米勒的研究，顾客心智中最多也只能为每个品类留下七个品牌空间。而特劳特先生进一步发现，随着竞争的加剧，最终连七个品牌也容纳不下，只能给两个品牌留下心智空间，这就是定位理论中著名的"二元法则"。在移动互联网时代，特劳特先生强调"二元法则"还将演进为"只有第一，没有第二"的律则。任何在顾客心智中没有占据一个独一无二位置的企业，无论其规模多么庞大，终将被选择的暴力摧毁。这才是推动全球市场不断掀起并购浪潮的根本力量，而不是人们通常误以为的是资本在背后推动，资本只是被迫顺应顾客心智的力量。特劳特先生预言，与未来几十年相比，我们今天所处的竞争环境仍像茶话会一般轻松，竞争重心转移到心智将给组织社会带来空前的紧张与危机，因为组织存在的目的，不在于组织本身，而在于组织之外的社会成果。当组织的成果因未纳入顾客选择而变得没有意义甚至消失时，组织也就失去了存在的理由与动力。这远不只是黑格尔提出的因"历史终结"带来的精神世界的无意义，而是如开篇所引马克思的唯物史观所揭示的，关乎社会存在的根本柱石发生了动摇。

走进任何一家超市，或者打开任何一个购物网站，你都可以看见货架上躺着的大多数商品，都是因为对成果的定位不当而成为没有获得心智选择力量的、平庸的、同质化的产品。由此反推，这些平庸甚至是奄奄一息的产品背后的企业，及在这些企业中工作的人们，他们的生存状态是多么地令人担忧，这可能成为下一个社会急剧动荡的根源。

吊诡的是，从大数据到人工智能等科技创新不但没能缓解这一问题，反而加剧了这种动荡。原因很简单，新科技的运用进一步提升了组织内部的效率，而组织现在面临的挑战主要不在内部，而是外部的失序与拥挤。和过去的精益生产、全面质量管理、流程再造等管理工具一样，这种提高企业内部效率的"军备竞赛"此消彼长，没有尽头。如果不能精准定位，企业内部效率提高再多，也未必能创造出外部的顾客。

新生产工具：定位

在此背景下，为组织准确定义成果、化"选择暴力"为"选择动力"的新生产工具——定位（positioning），在1969年被杰克·特劳特发现，通过大幅提升企业创造顾客的能力，引发第三次生产力革命。在谈到为何采用"定位"一词来命名这一新工具时，特劳特先生说："《韦氏词典》对战略的定义是针对敌人（竞争对手）确立最具优势的位置（position）。这正好是定位要做的工作。"在顾客心智（组织外部）中针对竞争对手确定最具优势的位置，从而使企业胜出竞争赢得优先选择，为企业源源不断地创造顾客，这是企业需全力以赴实现的成果，也是企业赖以存在的根本理由。特劳特先生的核心著作是《定位》[⊖]《商战》[⊜]和《什么是战略》，我推荐读者从这三本著作开始学习定位。

定位引领战略

1964年，德鲁克出版了《为成果而管理》[⊗]一书，二十
_____
^{⊖⊜⊗} 这三本书中文版已由机械工业出版社出版。

年后他回忆说，其实这本书的原名是《商业战略》，但是出版社认为，商界人士并不关心战略，所以说服他改了书名。这就是当时全球管理界的真实状况。然而，随着前两次生产力革命发挥出巨大效用，产能过剩、竞争空前加剧的形势，迫使学术界和企业界开始研究和重视战略。一时间，战略成为显学，百花齐放，亨利·明茨伯格甚至总结出了战略学的十大流派，许多大企业也建立了自己的战略部门。战略领域的权威、哈佛商学院迈克尔·波特教授总结了几十年来的研究成果，清晰地给出了一个明确并且被企业界和学术界最广泛接受的定义："战略，就是创造一种独特、有利的定位。""最高管理层的核心任务是制定战略：界定并宣传公司独特的定位，进行战略取舍，在各项运营活动之间建立配称关系。"波特同时指出了之前战略界众说纷纭的原因，在于人们未能分清"运营效益"和"战略"的区别。提高运营效益，意味着比竞争对手做得更好；而战略意味着做到不同，创造与众不同的差异化价值。提高运营效益是一场没有尽头的军备竞赛，可以模仿追赶，只能带来短暂的竞争优势；而战略则无法模仿，可以创造持续的长期竞争优势。

定位引领运营

企业有了明确的定位以后，几乎可以立刻识别出企业的哪些运营动作加强了企业的战略，哪些运营动作没有加强企业的战略，甚至和战略背道而驰，从而做到有取有舍，集中炮火对着同一个城墙口冲锋，"不在非战略机会点上消耗战略竞争力量"(任正非语)。举凡创新、研发、设计、制造、产品、渠道、供应链、营销、投资、顾客体验、人力资源等，企业所有的运营动作都必须能够加强而不是削弱定位。

比如美国西南航空公司，定位明确之后，上下同心，围绕定位建立了环环相扣、彼此加强的运营系统：不提供餐饮、不指定座位、无行李转运、不和其他航空公司联程转机、只提供中等规模城市和二级机场之间的短程点对点航线、单一波音737组成的标准化机队、频繁可靠的班次、15分钟泊机周转、精简高效士气高昂的员工、较高的薪酬、灵活的工会合同、员工持股计划等，这些运营动作组合在一起，夯实了战略定位，让西南航空能够在提供超低票价的同时还能为股东创造丰厚利润，使得西南航空成为一家在战略上与众不同的航空公司。

所有组织和个人都需要定位

定位与管理一样，不仅适用于企业，还适用于政府、医院、学校等各类组织，以及城市和国家这样的超大型组织。例如岛国格林纳达，通过从"盛产香料的小岛"重新定位为"加勒比海的原貌"，从一个平淡无奇的小岛变成了旅游胜地；新西兰从"澳大利亚旁边的一个小国"重新定位成"世界上最美丽的两个岛屿"；比利时从"去欧洲旅游的中转站"重新定位成"美丽的比利时，有五个阿姆斯特丹"等。目前，有些城市和景区因定位不当而导致生产力低下，出现了同质化现象，破坏独特文化价值的事时有发生……同样，我们每个人在社会中也一样面临竞争，所

以也需要找到自己的独特定位。个人如何创建定位，详见
"定位经典丛书"之《人生定位》[⊖]，它会教你在竞争中赢
得雇主、上司、伙伴、心上人的优先选择。

定位客观存在

事实上，已不存在要不要定位的问题，而是要么你是在
正确、精准地定位，要么你是在错误地定位，从而根据错误
的定位配置企业资源。这一点与管理学刚兴起时，管理者并
不知道自己的工作就是做管理非常类似。由于对定位功能客
观存在缺乏"觉悟"，即缺乏自觉意识，企业常常在不自觉
中破坏已有的成功定位，挥刀自戕的现象屡屡发生、层出不
穷。当一个品牌破坏了已有的定位，或者企业运营没有遵循
顾客心智中的定位来配置资源，不但造成顾客不接受新投入，
反而会浪费企业巨大的资产，甚至使企业毁灭。读者可以从
"定位经典丛书"中看到诸如 AT&T、DEC、通用汽车、米勒
啤酒、施乐等案例，它们曾盛极一时，却因违背顾客心智中
的定位而由盛转衰，成为惨痛教训。

创造"心智资源"

企业最有价值的资源是什么？这个问题的答案是一直在
变化的。100 年前，可能是土地、资本；40 年前，可能是人
力资源、知识资源。现在，这些组织内部资源的重要性并没

⊖　本书中文版已由机械工业出版社出版。

有消失，但其决定性的地位都要让位于组织外部的心智资源（占据一个定位）。没有心智资源的牵引，其他所有资源都只是成本。企业经营中最重大的战略决策就是要将所有资源集中起来抢占一个定位，使品牌成为顾客心智中定位的代名词，企业因此才能获得来自顾客心智中的选择力量。所以，这个代名词才是企业生生不息的大油田、大资源，借用德鲁克的用语，即开启了"心智力量战略"（mind power strategy）。股神巴菲特之所以几十年都持有可口可乐的股票，是因为可口可乐这个品牌本身的价值，可口可乐就是可乐的代名词。有人问巴菲特为什么一反"不碰高科技股"的原则而购买苹果的股票，巴菲特回答说，在我的孙子辈及其朋友的心智中，iPhone 的品牌已经是智能手机的代名词，我看重的不是市场份额，而是心智份额（大意，非原语）。对于巴菲特这样的长期投资者而言，企业强大的心智资源才是最重要的内在价值及"深深的护城河"。

衡量企业经营决定性绩效的方式也从传统的财务盈利与否，转向为占有心智资源（定位）与否。这也解释了为何互联网企业即使不盈利也能不断获得大笔投资，因为占有心智资源（定位）本身就是最大的成果。历史上，新生产工具的诞生，同时会导致新生产方式的产生，这种直取心智资源（定位）而不顾盈利的生产方式，是由新的生产工具带来的。这不只发生在互联网高科技产业，实践证明传统行业也完全适用。随着第三次生产力革命的深入，其他产业与非营利组织将全面沿用这一新的生产方式——第三次"更聪明地工作"。

伟大的愿景：从第三次生产力革命到第二次文艺复兴

第三次生产力革命将会对人类社会的"上层建筑"产生何种积极的影响，现在谈论显然为时尚早，也远非本文、本人能力所及。但对于正大步迈入现代化、全球化的中国而言，展望未来，其意义非同一般。我们毕竟错过了前面两次生产力爆炸的最佳时机，两次与巨大历史机遇擦肩而过（万幸的是，改革开放让中国赶上了这两次生产力浪潮的尾声），而第三次生产力浪潮中国却是与全球同步。甚至，种种迹象显示：中国很可能正走在第三次生产力浪潮的前头。继续保持并发展这一良好势头，中国大有希望。李泽厚先生在他的《文明的调停者——全球化进程中的中国文化定位》一文中写道：

注重现实生活、历史经验的中国深层文化特色，在缓和、解决全球化过程中的种种困难和问题，在调停执着于一神教义的各宗教、文化的对抗和冲突中，也许能起到某种积极作用。所以我曾说，与亨廷顿所说相反，中国文明也许能担任基督教文明与伊斯兰教文明冲突中的调停者。当然，这要到未来中国文化的物质力量有了巨大成长之后。

随着生产力的发展，中国物质力量的强大，中国将可能成为人类文明冲突的调停者。李泽厚先生还说：

中国将可能引发人类的第二次文艺复兴。第一次文艺复兴，是回到古希腊传统，其成果是将人从神的统治下解放出来，充分肯定人的感性存在。第二次文艺复兴将回到以孔子、庄子为核心的中国古典传统，其成果是将人从机器的统治下（物质机器与社会机器）解放出来，使人获得丰足的人性与温暖的人情。这也需要中国的生产力足够发展，经济力量足够强大才可能。

历史充满了偶然，历史的前进更往往是在悲剧中前行。李泽厚先生曾提出一个深刻的历史哲学：历史与伦理的二律背反。尽管历史与伦理二者都具价值，二者却总是矛盾背反、冲突不断，一方的前进总要以另一方的倒退为代价，特别是在历史的转型期更是如此。正是两次世界大战付出了惨重的伦理道德沦陷的巨大代价，才使人类发现了泰勒生产方式推动历史前进的巨大价值而对其全面采用。我们是否还会重演历史，只有付出巨大的代价与牺牲之后才能真正重视、了解定位的强大功用，从而引发第三次生产力革命的大爆发呢？德鲁克先生的实践证明，只要知识阶层肩负起对社会的担当、责任，我们完全可以避免世界大战的再次发生。在取得这一辉煌的管理成就之后，现在再次需要知识分子承担起应尽的责任，将目光与努力从组织内部转向组织外部，在顾客心智中确立定位，引领组织内部所有资源实现高效配置，为组织源源不断创造顾客。

现代化给人类创造了空前的生产力，也制造了与之偕来的种种问题。在超大型组织巨大的能力面前，每一家小企业、每一个渺小的个人，将如何安放自己，找到存在的家园？幸运的是，去中心化、分布式系统、网络社群等创新表明，人类似乎又一次为自己找到了进化的方向。在秦制统一大帝国之前，中华文明以血缘、家族为纽带的氏族部落体制曾经发展得非常充分，每个氏族有自己独特的观念体系："民为贵""以义合""合则留，不合则去"等。不妨大胆地想象，也许未来的社会，将在先进生产力的加持下，呈现为一种新的"氏族社会"，每个人、每个组织都有自己独特的定位，以各自的专长、兴趣和禀赋为纽带，逐群而居，"甘其食，美其服，安其居，乐其俗"，从而"各美其美，美人之美，美美与共，天下大同"。人类历史几千年的同质性、普遍性、必然性逐渐终结，每个个体的偶发性、差异性、独特性日趋重要，如李泽厚先生所言："个体积淀的差异性将成为未来世界的主题，这也许是乐观的人类的未来，即万紫千红百花齐放的个体独特性、差异性的全面实现。"在这个过程中，企业也将打破千篇一律的现状，成为千姿百态生活的创造者，生产力必然又一次飞跃。

人是目的，不是手段。这种丰富多彩、每个个体实现自己独特创造性的未来才是值得追求的。从第三次生产力革命到第二次文艺复兴，为中国的知识分子提供了一个创造人类新历史的伟大愿景。噫嘻！高山仰止，景行行止，壮哉伟哉，心向往之……

邓德隆

特劳特伙伴公司全球总裁

写于 2011 年 7 月

改于 2021 年 11 月

前言

我早年任职于通用电气公司，之后接触了美国乃至全世界的千百家企业，因此有幸了解商业成功的关键。我把这些观点仔细归类后收录到《定位》、《22条商规》等十本书中，并对全球数以千计的商业人士做了无数的讲授。

我不止一次地体会到，成功并非源自合适的人员、正确的态度、恰当的工具、适当的模型和合理的组织机构。这些因素都有助于企业走向成功，但都不能成为第一要素，还必须要加上正确方向的引导。

我认为，成功就是要找到正确的战略。

这是因为，战略是一致性的经营方向。战略决定产品规划，战略指导企业如何进行内外的沟通，战略引导组织工作的重心。

对战略的实质越了解，找对正确战略的能力就越强，同时更能避免在竞争激烈的环境中容易遇到的大麻烦。为此，我给出的战略的定义是：**战略就是让你的企业和产品与众不同，形成核心竞争力。对受众而言，即是鲜明地建立品牌。**

我一直在为企业讲授商业的本质，现在我把过去所写的书中有关战略的课题汇集，精写成这本书，提出商业成功应该遵循的重要原则。

本书是我在商界漫漫旅途中获得的战略心得，全部凝结其中。

杰克·特劳特

POSITIONING

第 1 章

战略就是生存之道

战略是大竞争时代的商业生存之道，也就是在我所指的"选择暴力"中如何生存。

最初，选择不是问题。当我们的祖先考虑"今天吃什么"时，答案不太复杂，他在附近能追捕、猎杀并拖回洞穴的任何动物就是他的食物。但如今，人们生活在商业社会，而商业步入了大竞争时代。走进巨大的超级市场，你将看到大量种类丰富的肉制品，它们由别人追捕、猎杀、清洗并包装好。你的问题不再是捕猎，而是要从货架上摆放的成百上千种肉制品中做出选择：你该买红肉还是白肉？何种白肉，或是人造肉？

这仅仅是问题的开始，接下来你必须决定自己要买动物身上哪个部位的肉：腰，排骨，肋骨，腿肉还是臀肉？

此外，要是你的家人不吃肉，那你为他们买点什么回去？

钓鱼进餐？

对我们祖先而言，捕鱼很简单。只要削个矛，然后等待好运降临就行了。

今天，当你步入Bass Pro、比恩邮购公司（L. L. Bean）、Cabela's，或者Orvis商店，你会被一大堆渔竿、卷线器、鱼饵、服装和小船搞得眼花缭乱，迟迟做不了决定。

在Bass Pro的旗舰店里，你可以获得更多个性化服务，店员甚至会给你理发，然后用你剪下的头发给你做个鱼饵。

从我们的祖先削尖长矛到今天，事情已发生了翻天覆地的变化。

> 战略是大竞争时代的商业生存之道。

外出用餐？

今天，很多人觉得听别人介绍来决定吃什么是个更好的方法。

但在有些城市，比如纽约，要决定去哪家餐馆吃饭可并不容易。因此在1979年，尼娜

（Nina）和迪姆·查格（Tim Zagat）首创了第一份纽约餐厅指南，帮助我们解决这个选择难题。

今天，口袋大小的《查格餐厅指南》（*Zagat Survey*）已成为畅销书，它整理了10万人对美国和国外逾40个城市的餐厅的打分和评价。

选择的爆炸式增长

最近几十年里，商业发生了巨变，几乎每个类别可选择的产品种类都出人意料地增长。据估计，在美国有100万个标准存货单位（SKU），普通超市有4万个标准存货单位，但一个普通家庭有150个标准存货单位就能满足80%～85%的需求。也就是说，我们会忽略超市里的39 850种货品。

在20世纪50年代，买小汽车就是在通用、福特、克莱斯勒或美国汽车等四家企业提供的车型中挑选。而今天，你要从通用汽车、福特、克莱斯勒、丰田、本田、大众、菲亚特、日产、三菱、雷诺、铃木、大发、宝马、奔驰、现代、大宇、马自达、五十铃、起亚和沃尔沃等中挑选。在20世纪70年代早期，市场上有140种汽车型号可供选择，而今天则多达260种。

甚至在售价175 000美元的法拉利所在的小规模跑车市场，竞争也在加剧。现在有兰博基尼、宾利跑车、阿斯顿·马丁和叫做Vision SLR的奔驰新车型供我们选择。

30年前，大多数汽车生产商只提供6种车型。今天市场上有运动型多功能车、跑车、掀背式轿车、双门轿跑车、多用途旅行车、旅行车、皮卡和跨界车，这么多车型迫使各家企业把生产外包。有一家奥地利汽车生产商，如今同时生产宝马、吉普、奔驰和萨博汽车。尊敬的亨利·福特先生，可能正颇有兴致地在天堂俯瞰这一场景，他当初的概念可是所有车都应该一模一样并且还都被漆成黑色。

如今，汽车轮胎品牌的迅猛增加，让选择变得更加困难。一开始只有固特异、凡士通、将军和西尔斯等少数品牌，而现在则有固特异、普利司通、Cordovan、米其林、固铂、代顿、凡士通、Kelly、邓禄普、西尔斯、Multi-Mile、倍耐力、将军、阿姆斯特朗、Sentry、优耐陆以及其他22个品牌。

最大的变化是，以前本土企业在国内市场抢生意，现在则变成了所有企业在全球市场的每个角落抢生意。商业进入全球化的大竞争时代。

保健服务的选择

让我们看看医疗保健类基本需求情况的变化。过去，你有自己的保健医生和保健医院、蓝十字保险，还可能有美国安泰医保、医疗保险或医疗补助。现在你必须同新的品牌和概念打交道，比如Medpartner、Cigna、Prucare、Columbia、Kaiser、Wellpoint、Quorum、Oxford、Americare及Multiplan，以及健康保健组织（HMO）、皮尔评估组织（PRO）、内科医生医院组织（PHO）和受欢迎供应者组织（PPO）。

选择风暴的蔓延

前面仅描述了美国市场的情况，中国是正在崛起的国家，它的情况如何呢？

曾经在一段时间里，中国的消费者只能购买国有企业生产的大同小异的食品。现在，购物时的选择范围正不断扩大，他们既可以选国内品牌，也可以选国外品牌的产品。最近的一个调查显示，一个由品牌食品构成的国内市场开始成形，中国已经有135个国内食品品牌供消费者选择。虽然这些品牌已走过了很长的路，但如今它们正在遭受选择暴力的冲击。

当然有些国家的市场则远没有成形，它们是如此贫穷和动荡，选择仅仅是人们心中的期望而已。

*分化定律推动
了选择的增长。*

分化定律

分化定律推动了选择的增长，我在《22条商规》一书中提到过这点。

就如今天的计算机市场，从单一产品发展到种类繁多，包括大型机、小型机、服务器、工作站、PC机、笔记本、掌上电脑、超级电脑、游戏电脑等等。与计算机一样，汽车一开始也是单一品类，三大品牌（雪佛兰、福特和普利茅斯）控制了汽车市场，随后这个品类也分化了。

今天，一个接入了有线电视的家庭，有超过150个频道可以选择。更让我们不安的是，"视频流"轻易让有线电视实现500个频道的梦想。有了这么多频道，如果你调换频道想看某个节目，估计当你找到时，它都已经快结束了。

"分化"是一个无法停止的过程，表1-1对此做出了证明。

表1-1 选择的爆炸式增长

项　　目	20世纪70年代早期	20世纪90年代晚期
汽车型号	140	260
肯德基菜单项目	7	14
汽车式样	654	1 212
油炸玉米饼品种	10	78
运动型休闲车式样	8	38
早餐谷类食品	160	340
电脑型号	0	400
脆果饼	3	29
软件名称	0	250 000
软饮料品牌	20	87
网站	0	4 757 894
瓶装水品牌	16	50
电影	267	458
牛奶品种	4	19
机场	11 261	18 202
高露洁牙膏	2	17
杂志名称	339	790
漱口水	15	66
新书书名	40 530	77 446
牙线	12	64
社区大学	886	1 742
处方药	6 131	7 563
娱乐公园	362	1 174
非处方止痛药	17	141
电视机屏幕尺寸	5	15
李维斯牛仔服式样	41	70
休斯敦的电视频道	5	185

（续）

项　　目	20世纪70年代早期	20世纪90年代晚期
跑鞋式样	5	285
广播电台	7 038	12 458
女性内衣式样	5	90
麦当劳食品项目	13	43
隐形眼镜种类	1	36

"选择"行业

选择的爆炸性增长，促成了一个帮助人们做选择的全新行业的诞生。前面已经提到过，就像《查格餐厅指南》和保健报告卡。

无论你到哪里，都有人向你就各种事项提供建议。比如告诉你在 8 000 个共同基金中买哪个，在圣路易斯如何找到合适的牙医，还有如何在成百上千的管理学院中挑选合适的 MBA 课程（这个课程可以满足你在华尔街找份工作的目的）。

《消费者杂志》（*Consumer Reports*）和《消费者文摘》（*Consumer Digest*）这些杂志，通过不断轮换报道产品类别，来帮助人们应对过多产品和选择所带来的冲击。可问题是，这些杂志涉及太多的细节，以至于让人们比刚开始更加迷惘。

消费心理学家说，过量的选择正把我们逼疯。想想卡罗尔·穆格（Carol Moog）博士对此的观点："可以立即得到太多的选择，让人们不再关注和思考，变得如同肥鹅一样肥胖和疲惫，并丧失决策的能力……人们退却并麻木于过度刺激，他们厌倦了。"

选择的暴力

在字典里，暴力被定义为：苛刻和残酷的绝对力量。

选择也是一样，现在的市场竞争残酷，是选择造成的结果。消费者有如此多的好的选择，以至于企业要为错误的行为付出惨痛的代价，稍不留神竞争对手就会抢走你的生意，而想要夺回来却甚为艰难。企业若不懂得这一点，将无法生存，现实就是这么残酷。

让我们回顾一些"逝去"的品牌吧：美国汽车、Burger Chef、Carte Blanche、东方航空公司、Gainesburgers、Gimbel's、Hathaway衬衫、Horn & Hardart、Mr. Salty脆饼、Philco、Trump Shuttle、VisiCalc、Woolworth's……

以上品牌，仅仅是不复存在的品牌中的一小部分。

形势只会更糟

你可别指望形势会转好，我感觉情况会更糟。原因很简单，选择会制造更多选择。

在一本叫《更快》（*Faster*）的书中，作者描绘的未来令人更无所适从。他写道，几乎所有事物都在加速。以下是他书中的片段：

> 选择的扩张会陷入一个恶性循环：轰炸你的信息越多，因特网的入口就越多，也就会产生更多向你倾倒信息的搜索引擎和自动应答程序；你拥有的电话线路越多，你的需求也越多；专利越多，专利权律师和专利搜索服务也越多；你购买或阅读的烹饪书越多，你越会感到要为客人提供新式的菜肴，从而你需要的烹饪书也越多。
>
> 复杂产生选择，选择激发新技术，新技术又创造复杂。若没有现代社会高效率的经营和生产，没有免费电话、快递、条形码、扫描仪和占首要地位的电脑，选择不会如此快速增长。

真正有效的东西

有三位绅士进行的一项研究，被《哈佛商业评论》（*Harvard Business Review*）杂志描述为"目前为止所进行的最严谨的管理实践研究"。他们指出，商业中真正有效的不是CRM（客户关系管理）、TQM（全面质量管理）、BPR（业务流程重组）和其他工具，以及任何流行的东西。企业要在这个竞争世界中获得卓越表现，就必须掌握商业的基本规律。借用绿湾包装工橄榄球队教练文斯·隆巴底的说法，就是出色的阻截和擒抱。

> 战略是一个简单、焦点明确的价值定位，换句话说，战略就是买你的产品而不是选择你竞争对手产品的理由。

绿湾队的第一条基本原则，是"设计并保持一个陈述清晰、焦点明确的战略"。要在战略上表现卓越，就是要清楚地知道战略是什么，并且不断地把战略传播给客户、员工和股东。

战略是一个简单、焦点明确的价值定位，换句话说，战略就是买你的产品而不是选择你竞争对手产品的理由。

战略的定义

如果说战略是企业在大竞争时代中的生存之道，是企业如何进入顾客心智而被选择，那么让我们先看看韦氏新世界词典对战略的定义：

> 规划、指挥大型军事行动的科学，在和敌军正式交锋前做出部署、调动军队进入最具优势的位置。

诚如你所知，战略是个军事术语，敌人正在顾客心智中和你竞争容身之地。如果你想占据"最具优势的位置"，你必须首先研究、了解并掌控这个阵地，阵地即是顾客和潜在顾客的心智。

小　结

In a tough world,
using strategy is how you survive.

大竞争时代，

战略即生存。

POSITIONING

第 2 章

战略就是建立认知

定位就是如何在顾客的心智中实施差异化，使品牌进入心智并占据一席之地。它涉及心智在传播过程中的运作原理。

定位作为关键词第一次出现是在1969年，那是《行业营销管理》（*Industrial Marketing Management*）杂志刊登了我所写的题为《定位：同质化时代的竞争之道》的文章，当时"选择"刚刚开始逐渐增多。我之所以选择"定位"（positioning）这个词，是因为战略一词在字典中的定义是"针对敌人确立最有利的位置"（position），这恰恰是定位要做的工作。

随后在1981年，我和前合作伙伴艾·里斯出版了当时很畅销的《定位》⊖一书，1996年我则进一步著述了《新定位》。《新定位》阐述了心智运作的规律，即定位过程中5个重要因素，它们决定着商业战略的成败。

　　⊖　本书中文版于2011年由机械工业出版社出版。

心智容量有限

人类心智如同计算机的存储器，它会给每条信息分配一处空位并保存下来。从这一点看，心智运行原理和电脑十分相似。

然而心智和电脑有一项重大不同：计算机对存入的信息通盘接受，心智却不尽相同。心智只接受与其现有认知相符的信息，对其他信息一律排除。

定位就是如何在顾客的心智中实施差异化，使品牌进入心智并占据一席之地。它涉及心智在传播过程中的运作原理。

容量不足的容器

人类的心智不仅拒绝接受与其现有知识或经验不符的信息，也没有足够的知识或经验处理这些信息。在现代这个传播过度的社会，心智完全是一个容量不足的容器。

根据哈佛大学心理学家乔治·米勒（George A. Miller）的说法，普通人的心智无法同时处理七件以上的信息。随便找个人说说某类产品他记得的所有品牌，很少有人能说出七个以上。这还是人们比较感兴趣的品类，对于兴趣不大的品类，普通消费者通常只能说出一两个品牌。这也就是我在定位理论中提出的"数一数二"原则，最初没有多少人留意，直至杰克·韦尔奇用"数一数二"原则改造通用电气获得巨大成功，该原则才被世人重视。

试试把《圣经》中的"十诫"都列出来。如果这也太难了，那就举出癌症的七个危险信号，或者说出《圣经·启示录》中的四位骑士都是谁，你能行吗？

既然我们心智这个容器小到无法回答这些问题，那又如何能记住那些像兔子一样大量繁殖的品牌名称呢？

产 品 阶 梯

为了应对产品的爆炸性增长，人们学会了在心智中对产品和品牌进行归类。你可以设想在心智中有一系列梯子，每个梯子代表一类产品，每一层上有一个品牌名称，就是这样大致地归类。

人类心智就装满了这些梯子，购买产品时按层级的次序优先选择品牌。有些梯子分好多层（最多七层），装了好几个值得考虑的品牌，有些则仅有少数几层，则选择的品牌较少。某个品牌若想增加销量，就必须把排在上面的品牌排挤掉（通常很难），或者设法让自己与上层的某一品牌产生关联。

如果企业在经营中忽视竞争对手的地位，以为自己是在无竞争的市场贩卖自己的产品，结果是常常受挫。特别是位于梯子上方的品牌地位牢固，后进者没有强势手段或定位战略，想提升心智中的阶梯的位置将无比艰难。

企业要想推出一类新产品，就必须自己造出一个新梯子来，这当然也非常困难，如果这类新产品没有针对老产品加以定位的话尤其如此。我经常强调，人的心智容不下新的、不同的东西，除非它们和心智中已有的东西产生关联。

这解释了一种现象：企业有了全新产品之后，告诉顾客该产品不是什么，往往要比告诉他们该产品是什么还有效。世界上第一辆汽车当年被称作"不用马拉的马车"，这个新名称便借用了公众心智已有的"马车"概念，对新交通工具进行了定位。

此外，像"场外赌马"，"无铅汽油"和"无糖苏打"这样的名称，都表明新概念最好

> 企业有了全新产品之后，告诉顾客该产品不是什么，往往要比告诉他们该产品是什么还有效。

针对老概念进行定位。

<h2 style="text-align:center">新 闻 性</h2>

人类心智限量接收新信息，克服此障碍的另一方法是尽量让信息看上去更像一则重要的新闻。

太多企业忽略了赋予商业信息新闻性。斯塔奇研究机构的研究证明，具有新闻性的标题比没有新闻性的标题更能吸引读者。如果人们认为你要向他们传递重要消息，他们通常会乐意倾听，这为商业诉求制造了机会。

人类心智限量接收新信息，克服此障碍的另一方法是尽量让信息看上去更像一则重要的新闻。

心智厌恶混乱

人类是最依赖于学习的生物。哥伦比亚大学神经生物学和行为学中心的科学家指出："动物和人类通过学习获取新信息，并借助记忆储存信息"。卡内基梅隆大学的实验心理学家林恩·瑞德（Lynne Reader）通过研究指出：

> 记忆并不局限于记住电话号码的能力，而是在思考过程的各方面都会用到的动态系统。我们利用记忆去观察，去理解语言，去辨认道路。

如果记忆是如此重要，那么被人记住的秘诀又是什么呢？

保 持 简 单

爱因斯坦曾被问及，哪件事对他的相对论帮助最大。他回答："找对思考问题的方法。"

苹果电脑公司的前总裁约翰·斯考利（John Sculley）如是说：

> 我们在工业时代所学的知识都倾向于制造越来越多的复杂性，而现在有越来越多的人开始明白要简单化而不是复杂化，这是一条典型的东方智慧——最高明的智慧就是简单。

专业传播者，比如广播电台的播音员，最能理解这条原则。他们的用词都很简单。（在第6章中会有更多的讨论）

复杂带来问题

人们常认为厌烦情绪的产生是因为缺少刺激，即某种信息供应不足。事实上在现在信息越来越多的情况下，厌烦情绪正是因过度刺激和信息过多而产生。

信息就像能量一样，总会衰减成熵⊖——退化成毫无意义的噪声。

复杂的答案没有任何价值。例如，每个管理者都需要信息，因为决策和猜想的区别常常就在于获取恰当的信息，但今天的管理者并不想使自己淹没在大量文稿和报告之中。

复杂的答案没有任何价值。

复杂的产品

现代企业人喜欢谈论"融合"，即把各种技术合并，生产出具有更多功能的新产品，然而结局往往是失败。下面是典型的例子：

• 美国电报电话公司（AT&T）的EO个人

⊖ 熵是物理学中的概念，熵定律指出：事物总是随着时间的推移从有序陷入无序。——译者注

通信器，它集合了手机、传真机、电子邮件、个人
管理器和手写电脑。

- Okidata公司的Doc-it，它集合了桌面打印机、传真
机、扫描仪和复印机。

- 苹果电脑公司的牛顿，它集合了传真机、传呼机、
电子日历和手写电脑。

- 索尼公司的多媒体播放器，它带有显示屏和联机
键盘。

当然，它们比起比尔·盖茨对未来钱包的构想，还算
是简单的。比尔认为未来钱包应该是一种装置，能够集合
或代替钥匙、信用卡、身份证、现金、书写工具、护照和
子女照片的功能，还应该带有全球定位系统，让你随时知
道身在何处。

这些产品能够成功吗？不太可能！它们功能太杂乱，
太复杂了，世界上还有很多人甚至都没搞懂如何使用录像
机录像。

人们对复杂的事物有抵触情绪，他们喜欢简易的东西，
总想按一下按钮就一劳永逸。

令人困惑的概念

有些产品概念注定要失败，这并不是因为产品本身无用，而是因为它们不合情理。

比如Mennen公司的"维生素E"牌腋下清香剂，它要人把维生素喷在腋下。除非某个人想拥有美国最具营养、最为肥美的腋窝，否则这个概念只会令人捧腹。

再比如一种膏状的强力氢氧化铝抗酸药，喝上一匙这种糊状物就能治疗胃灼痛。但这种产品连上货架都遇到了麻烦，药商的嘲笑使企业偃旗息鼓。在一般人的想法里，抗酸药要么是药片，要么是液剂，而不应该是搅拌好的膏体。

这些都是混乱造成的结果，心智无法接受。

> 有些产品概念注定要失败，这并不是因为产品本身无用，而是因为它们不合情理。

心智缺乏安全感

如果亚里士多德从事广告工作的话，会很糟糕。逻辑不能保证说服顾客，心智总是倾向于感性而非理性。

人们为什么要买东西？人们在市场中的购买行为究竟如何？心理学家罗伯特·赛托（Robert Settle）和帕米拉·阿尔瑞克（Pamela Alreck）在他们的《购买动机》（*Why They Buy*）一书中论及，消费者往往不清楚购买动机，或者不愿意说出来。事实就是，当被问及为何购买某个产品时，消费者的回答要么不准确，要么毫无意义。这可能是他们不愿意说出来，但更多情况是他们确实不太清楚自己的购买动机。

甚至在回忆方面，心智也缺乏安全感，人们总是记起那些不复存在的东西。一个地位牢靠的品牌即使广告宣传力度下降，多年后人们对它的识别度还是很高。

跟 风 购 买

我对商业多年的观察经验表明，人们往往不知道自己需要什么或为何购买。

更多情况下，人们总是买那些自认为应该拥有的东西，主要原因是别人在购买，这就像羊总是跟着羊群行动一样。再比如，购买四轮驱动汽车，如果人们真的需要这种产品，数年前就该流行。大多数人从来都不会驶离高速公路，为什么现在却有这么多的四轮驱动汽车呢？原因很简单，大家都在购买。

产生这种行为的主要原因是心智缺乏安全感，现在许多科学家都在广泛探讨这个课题。

可预知风险

导致心智缺乏安全感的原因有多种，其中一个原因是预知到存在风险。行为学家认为有五种形式的可预知风险：

> 1. 金钱风险：购买某样东西可能会损失钱；
>
> 2. 功能风险：也许某个商品不好用，或并不像预期的那样好用；
>
> 3. 生理风险：看上去有危险，可能会让使用者受伤；
>
> 4. 社会风险：购买此产品，朋友或相关人士会如何看；
>
> 5. 心理风险：购买某样东西后可能会感到内疚或是不妥。

从众心理

关于从众行为的原因，罗伯特·西奥迪诺（Robert Cialdino）著书论及了"社会认同原则"。

人们往往只有感知到别人认为某样事物正确，自己才跟着认定正确，看到别人在某种情况下做出何种行为，才判断该种行为是错是对。

这种将他人做法视为正确的倾向非常普遍。人们认定，采取得到社会认同的行为会少犯错误，而违背它则会多犯错误。大家认为，如果许多人都这么做，那么这种做法就是正确的。

社会认同原则的存在有利有弊，就像影响人们行为的其他因素。社会认同原则给人们提供了一种捷径，以判断自己的行为方式，但同时走捷径又很容易落入商业圈套。

潮 流 效 应

由于心智缺乏安全感，制造"赶潮流"效应是商业常事。

民意测验和调查常常给出权威性数字，以唤起潮流效应。或者，使用"增长最快"、"销量最大"等字眼吸引顾客，给人以安全感。这都是在告诉消费者，大众都认为本品牌产品非常优秀，值得相信。

传　　统

商家经常也会展示企业的传统和文化，以打动顾客。

早在1919年，施坦威（Steinway）钢琴就在广告中自称"不朽者的乐器"。高仕钢笔（Cross）则宣称，自己的产品是"始于1846年的完美经典"。苏格兰格兰威特威士忌酒（Glenlivet Scotch）的口号是"所有苏格兰威士忌酒的始祖"，并且"根据《1823年法案》，格兰威特是苏格兰高地首个获得皇室颁发的单一麦芽威士忌酿造许可的酿酒商。"

可口可乐把自己称为"正宗货"，强调它发明了可乐。

> 许多企业以为，新产品较老品牌更能引起顾客兴趣，其实老商品的生命力往往被低估。

心智拒绝改变

许多企业以为，新产品较老品牌更能引起顾客兴趣，其实老商品的生命力往往被低估。有证明说，大众对已知商品的印象会比新产品要深刻得多。

McCollum Spielman研究组织曾对23年间的22 000个电视广告进行了调查，其中6 000个广告宣传10个品类中的新产品。经过比较分析发现，10个品类中只有宠物产品出现所谓的"新品兴奋"，其他9种产品，包括药品、饮料和个人卫生用品，新产品并没有引发格外兴奋度，老品牌照样吃香。

诸多品牌在电视上做了成千上万的不同广告，"创意"无助于新品牌建立，人们对感觉亲切的老品牌更感兴趣。

尝试改变态度

麻省理工学院教授迈克尔·哈默（Michael Hammer）在《企业再造》（*The Reengineering Revolution*）一书中，把人们对变革的天生抵触情绪称为"再造中最复杂、最苦恼、最痛苦、最混乱的部分"。

《态度和劝服》（*Attitudes and Persuation*）一书则阐述了一种"信念系统"，来说明为何心智难以改变：

> 从信息论学家的角度来看，信念系统的特性和结构非常重要，因为信念被认为能够为态度提

供认知基础。那么，要想改变一种态度，就有必要对此态度所依赖的信息进行更改，因此通常就有必要改变一个人的信念，删除旧的信念或引进新的信念。

人们不容易改变态度，因为信念不易被改变。

心理学观点

《社会心理学手册》（*The Handbook of Social Psychology*）重申了改变人类态度的难度：

任何改变人们态度的计划都会十分艰难，改变一个人的基本信念非常困难，即使精心设计运用一些诸如心理疗法在内的复杂方法也是如此。这是可以理解的，因为能够改变某些态度的方法对其他态度的影响却很小。

更大的难题是，人们以为自己了解和掌握了真相，而且这一点几乎表现在每一方面：

人类对许多问题都有自己的态度，这些问题的范围之广令人咋舌。人们似乎清楚地知道自己

> 喜欢什么（特别是不喜欢什么），甚至对实际上
> 知之甚少的事物也是如此。比如同日常生活没有
> 什么关联的事物，像外太空生命。

这里出现了费尔普斯（Phelps）先生⊖的难题：如果任务是改变人们的心智，就不要接受这个任务。

心智会失去焦点

随着时间的推移，许多大品牌都能在顾客心智中留下清晰印象。心智就像照相机，清晰地留下钟爱品牌的形象。

10年前，当安海斯布希啤酒公司（Anheuser-Busch）的广告说"这是为您准备的'百威'啤酒"时，顾客很清楚端上来的是什么酒，"米勒高品质生活"啤酒，还有平凡的老康胜啤酒都是如此。然而在过去10年里，百威啤酒公司（Budweiser）推出了普通啤酒、淡啤、生啤、扎啤、冷啤、干啤和冰啤等各种类型的啤酒，现在"这是为您准备的'百威'啤酒"只能引起疑惑："到底是哪一种啤酒？"

⊖ 电影《不可能任务》，国内又名《谍中谍》之男主角。——译者注

百威在人们心智中的清晰认知正在失焦，印象严重涣散，这是"啤酒之王"开始失去忠实消费者的原因。但是竞争对手却没有充分利用这一战略机会，反而纷纷模仿百威的做法，以为百威既然是领导者其行为肯定就最有效。殊不知，正是跟进品牌的追随战略，强化了领先者的领导地位。

丧失焦点的主因是品牌延伸。

品牌延伸陷阱

丧失焦点的主因是品牌延伸。

企业界对品牌延伸的争议颇多，我曾在《定位》一书中用两章内容论述品牌延伸带来的灾难后果，并在《22条商规》中指出品牌延伸是企业违背最多的法则，但这些并没有减慢品牌延伸的步伐。事实恰恰相反，这种所谓"扩大品牌资产"的做法已非常盛行，就连可口可乐也提出"超级大品牌"（megabrands）的概念。

多年来，我和伙伴一直呼吁反对品牌延伸，就连《消费品营销杂志》（*Journal of*

Consumer Marketing）也注意到了这一点："特劳特和里斯孤军奋战，成为彻底批判品牌延伸的少数派"。我们的心智同样不变。

直到最近，《哈佛商业评论》（*Harvard Business Review*）在此方面做出了定论："无节制的品牌延伸损害品牌形象，扰乱贸易关系，并掩盖成本的上升"。

不 同 视 角

对品牌延伸持不同看法的根本原因是视角不同。企业更多从短期经济效益的角度看待品牌，为了获得成本效益和行业认可使品牌焦点扩散，让品牌由原来代表一种产品或一个概念变成代表两种、三种或更多种产品和概念。实际效果却是适得其反。

如果转到心智角度，就能看出品牌延伸的问题。我曾提出一个品牌力学的方程式，即品牌力量与其代表的产品种类成反比，赋予品牌的产品种类越多，心智就越容易失去焦点，品牌就越虚弱乏力。就像雪佛兰汽车一样，它的产品无所不包，品牌在人们心智中就逐渐变得什么都不是了。

专 家 品 牌

专家品牌会给人们留下深刻印象，我在第5章中会详细论述，下面则要谈及一些原因。

首先，专家品牌可以聚焦于一种产品、一种利益以及一点信息，让商家传达的信息更加锐利，有助于很快打入顾客心智。

比如，达美乐比萨定位在送货到家，而必胜客不得不同时强调它既送货到家，又可以在店内就餐。

金霸王聚焦于耐用的碱性电池，而永备（Eveready）则必须同时宣传闪光灯电池、劲量电池、充电电池和碱性电池（后来永备终于战略调整，只宣传劲量电池了）。

嘉实多（Castrol）公司可以聚焦高性能小型发动机油料，因为Pennzoil和Quaker State出售适用于各种类型发动机的各种油料。

专家品牌的另一个优势是被人看作专家，然后就被认为是同类中最好的。克雷公司（Cray）生产的超级计算机被认为是同类产品中最好的，费城牌奶油干酪被认为是最美味的。

最后，专家品牌可以成为品类的代名词。

比如，"施乐"已经成为"复印"的代名词，以至人们会说"请把材料给我'施乐'一下"。

联邦快递（Federal Express）成了"隔夜送达"的代名词，有人会说"我会给你'联邦快递'过去"。

3M公司的思高（Scotch）胶带则成为透明胶带的代名词，大家经常说"我会把它们'思高'好的"。

律师讨厌把品牌名作为代名词，这会引起混淆，但商业上这种效果属最佳成功。只有专家品牌才能成为代名词，什么都做的品牌却不行。没人会说，"给我一瓶通用啤酒"。

小　结

Perception is reality.
Don't get confused by facts.

商战于脑，

认知即事实。

POSITIONING

第 3 章

战略就是与众不同

在大竞争时代，唯一的成功之道就是进入顾客心智。而进入顾客心智的唯一方式，就是做到与众不同。

很多人谈论过"差异化"，但甚少有人论及如何实施差异化，为此我写了《与众不同》（*Differentiate or Die*）一书。但是在谈论差异化战略之前，有必要澄清哪些是不合适的差异化战略。具体来说，追求质量和顾客导向很难形成差异化战略，而且这两方面的追求常常把企业引入歧途。

质量之战

20世纪90年代爆发了一场质量之战。

几乎所有的公司都寻求工具和技术去衡量质量，众多权威学者也推出书籍讨论如何定义、预测和确保质量，质量热潮蔓延全球。相伴出现的是大量缩写和热门词，包括7个老工具（the Seven Old Tools）、7个新工具（the Seven New Tools）、TQM（全面质量管理）、SPC

（统计过程控制）、QFD（质量机能展开）、CQL和其他许多凑在一起的三字组合。仅在1993年，就有422本专业新著的书名中出现"质量"一词，今天仍然有一半多这么做。

许多商业调查表明，如今顾客能看到身边产品的质量有了改善。汽车变得更精致，小电器使用寿命更长，计算机则附有简明英语撰写的使用说明书。

罗珀斯塔奇环球调研公司（Roper Starch Worldwide）的总编这样解释：

> 如今所有品牌都得加倍努力以求领先，加大力度去满足顾客需求。顾客还是上帝，这种关系不会马上改变。随着经济的发展，顾客没有放慢需求，而是要求更多了。
>
> 当今所有企业都讲求质量，"质量"好像是品牌参与竞争的唯一筹码。

在大竞争时代，唯一的成功之道就是进入顾客心智。而进入顾客心智的唯一方式，就是做到与众不同。

顾客满意之战

如果质量是场战争，那么争夺顾客就是场生死决战。《哈佛商业评论》发表的一份具有里程碑意义的研究报告指出，企业降低5%的顾客流失率至少能增加25%的利润。

现在的各种论坛、书籍和顾问告诉企业有1 001种方法去拓展顾客。有人说顾客是合作者，顾客是总裁，顾客是上帝，顾客是蝴蝶（别问为什么）。

顾客的反馈意味着每次抱怨就是一份礼物，良好的售后服务能终生留住一位顾客，企业要学会管理全面客户时间。

事实上这足以把企业推入不求利润的边缘。世纪之交的《营销管理》（*Marketing Management*）期刊总结道："如今每个企业准备好让它的顾客满意，'我们愿意为之付出一切'成了口号。"

让顾客满意是理所当然的事，然而每个企业都这样做，那么通过质量与顾客满意就无法实现差异化战略。下面给出如何真正实施差异化的方法。

成 为 第 一

以新概念、新产品或新的利益进入心智将拥有巨大优势，因为心智不喜欢改变。

心理学家把这种现象称为"特性"。很多实验表明，现状具有神奇的吸引力，大多数人对打破现状的做法持固守态度，人们会坚持已有的东西。如果一个人遇上比配偶稍好的人，却绝对不值得再婚，律师费、分房子、分孩子这些事将会没完没了。

企业一旦成为某个概念的原创者，竞争对手所有的模仿行动就都只是在强化这个已经建立起来的概念，正是跟进者的模仿才会把领先者推到领导者地位。事实上当今大多数的行业领导者，都是靠后来者的追随才成就其领导地位，我在《定位》中详细阐述了此战略要点。

第一还是第一

哈佛大学是美国的第一所大学，现在人们仍然认为它排名第一。

以新概念、新产品或新的利益进入心智将拥有巨大优势，因为心智不喜欢改变。

《时代》（*Times*）杂志仍然排在《新闻周刊》（*Newsweek*）前面，《人物》（*People*）在《我们》（*Us*）前面，《花花公子》（*Playboy*）在《阁楼》（*Penthouse*）前面。克莱斯勒发明了厢式休闲旅行车，它现在仍然是厢式休旅车的领导者。惠普继续在桌面激光打印机行业领先，太阳公司（Sun）还在工作站行业领先，施乐（Xerox）仍在复印机业领先。这样的例子数不胜数。

在顾客心智中，这些企业作为品类先驱或产品先驱的事实使它们和跟随者建立了差异，这些领先企业获得了特殊地位，因为它们第一个登上山顶。最能说明问题的是依云公司（Evian），作为一个法国矿泉水品牌，它每年要花2 000万美元做广告提醒消费者自己是原创。

> 正是跟进者的模仿才会把领先者推到领导者地位。事实上当今大多数的行业领导者，都是靠后来者的追随才成就其领导地位。

产品特性

很多词语虽被广泛使用但并没有被真正理解，"特性"就是其中之一。什么是特性呢？

特性是某个人或某个事物的性格、特征或与众不同的特点。人和事物都是各种特性的混合体，每个人在性别、体型、智力、技巧和魅力方面都是不同的，每个产品根据它所属品类也具有一系列不同特性。比如说牙膏，不同品牌可以在防止蛀牙、防止牙斑、口味、洁白牙齿和口气清新等方面和其他品牌不同。

拥有一个特性

一个人或一个产品的独特之处在于以某个特性闻名。玛丽莲·梦露以她的"性感"闻名，佳洁士牙膏以"预防蛀牙"为人知晓。玛丽莲可能智商也很高，但这不重要，她的独特之处在于人们为其性感倾倒。佳洁士也是如此，它就是防止蛀牙，口味如何并不重要。

拥有一个特性可能是产品或服务实施差异化的第一方法，但是这里有个原则，企业不能拥有竞争对手已经占有的同一个特性，必须另找其他的。

试图模仿领导者的做法在商业中非常普

拥有一个特性可能是产品或服务实施差异化的第一方法，但是这里有个原则，企业不能拥有竞争对手已经占有的同一个特性，必须另找其他的。

遍，通常的理由是"领导者肯定知道如何做有效，所以我们应该跟进"。这种想法诚为不智，如前所言，这只会助长领导者的成功。与领导者展开竞争必须"反其道而行"，雷同无效。

可口可乐是原创，因此是老一代人的选择，百事可乐就成功地把自己定位为"新一代的选择"。

波旁酒行业被两个"J"企业统治，杰姆·比姆（Jim Beam）和杰克·丹尼尔（Jack Daniel），美格波本（Maker's Mark）于是着手寻找新特性，最终它提出更有吸引力的概念——"手工酿造"。

牙膏行业由佳洁士占据"预防蛀牙"特性，其他牙膏就转向别的特性，如口味好、洁白牙齿、口气清新，还有最近出现的含碳酸氢钠的牙膏。

当企业不是市场领导者的时候，战略选择的特性必须狭窄聚焦。同时再强调一次——新特性必须在同类中"可以获得"，没有被其他人占据。

领导地位

领导地位是品牌实施差异化的最有力方法，因为品牌表现直接支持品牌定位。

当企业以领导地位为支点建立品牌，顾客可能会相信品牌的任何诉求，并以为正是这一切造就了品牌的领导地位。人类倾向于把"大"等同于成功、地位和领先，人们尊敬并且羡慕最大的企业，相信其宣传。

> 领导地位是品牌实施差异化的最有力方法，因为品牌表现直接支持品牌定位。

主宰一个品类

强大的领导者能成为品类代名词。比如人们提到复印机、巧克力和可乐三个词时，同时在产品会联想到施乐、好时（Hershey's）和可口可乐。

领导者可以进一步利用其他字眼来强化领先地位。亨氏（Heinz）占有了调味番茄酱这个词，它进一步挑出了番茄酱最重要的特性"浓稠"，并以"西方流动最慢的番茄酱"的诉求去抢占这一特性。拥有"流动缓慢"这个词，帮助亨氏保持了50%的市场份额。

自 我 鼓 吹

前面提到了所谓的领导者的种种优势，但我碰到许多市场领导者，他们不想谈论自己的领导地位，原因是不愿自夸。这就像在战场上放弃有利的战略地位。

一位领导者必须找到表达自身地位的方法。我所喜欢的领导者口号就是这样："富达投资（Fidelity Investment），1 200万投资人信任的地方。"如果企业不为自己的成就树立威信，紧跟其后的竞争对手就会想办法认领本该属于你的东西。

领导地位是一个极好平台，企业可以借此讲述如何成为第一的故事。前面说过，如果人们视你为领导者，他们会相信你所说的一切。

不同形式的领导地位

领导地位有不同形式，任何一种都能有效地区隔自己，使企业或产品与众不同。下面就是宣称领导地位不同的用语：

• 销量领先

领导者使用最多的战略是说出自己销量如何。丰田凯美瑞是美国最热销的汽车，但其他厂商用不同方法计算，纷纷宣称自己的销量处于领先地位。克莱斯勒的道奇（Dodge）旅行车是最热销的厢式休闲旅行车，福特的探险者（Explorer）是最热销的运动型多功能车（SUV）。这种做法很有效，因为人们倾向于购买别人所买的东西。

• 技术领先

那些拥有突破性技术、历史悠久的企业可以用这种方式实施差异化。奥地利蓝精（Lenzing）公司在人造纤维工业用品领域不是销量领先者，但被定位为"粘胶纤维技术全球领导者"。因为它是行业突破的先驱，推出了各种新改良的人造纤维，结果非常有效，现在蓝精的销量也是第一的了。

• 性能领先

有些企业产品销量不大但性能良好，这也能把自己和表现较逊的竞争对手区别开来。硅图公司（Silicon Graphic）使用克雷超级计算机和图形工作站，让好莱坞特效成为可能。他们还有强劲的宽频服务器，因而可以比其他企业更好地处理图片和数据，结果被业内公认为"高性能运算全球领导者"。这个差异化很有效力，因为有钱的企业通常想要最好的产品，即便他们用不到这么强的功能。

市场传统

本书第2章中谈到过，心智缺乏安全感，任何能帮助人们克服不安全感的策略都是好策略，市场传统便是这么一个强有力的差异化概念。悠久的历史本身在心理上有其天然的安全性，一个企业能长期存在，表明它知道自己在干什么，人们认为这些企业肯定在做正确的事情。

传统的心理意义

我曾向卡罗尔·穆格（Carol Moog）博士讨教，为什么传统富有意义，这位消费心理学家做了以下论述：

> 传统具有心理上的重要性，这源自作为一条连续线索对个体具有的归属力量。这条线索连接、结合一个人的生存历史，继承、延续过去并且穿越死亡传给下一代，这个联系连接不朽。
>
> 人们感觉不到传统，不了解先辈，就容易感到被孤立、被抛弃，情感上被切断并且没有根基。没有过去的线索，就很难相信将来的线索。

这个说法可能太深奥，商业上可以简单看，长时间的存在会让顾客感觉是在和行业领导者打交道。这个领导者在行业内不一定是最大的，但肯定是资历上的领先者。

接 续 传 统

但仅有传统还不够。

美国富国银行（Wells Fargo）前身是小马邮递（Pony Express），他们曾开创了马车速递，富国银行充分利用这一点来启动新战略。"过去快，现在也快"，这几个字就使自己和历史传统联系起来，但区别是昨天的马车变成了先进的电脑网络，运作与服务更为快捷。

比恩邮购公司（L. L. Bean）让产品目录更丰富了，建立网站并推出女性服装，但它同时小心保持新英格兰的形象。企业的发言人说："把经典的故事传往下一代"。

塔巴斯科（Tabasco）在辣椒酱行业持续成功，它在尊重传统和面向未来之间保持了平衡。塔巴斯科的广告推行传统主题，比如路易斯安娜流到家门口的小河和在橡木桶中变陈的辣椒酱。但是，它同时也将自己塑造为流行品牌，推出塔巴斯科领带和流行饮料。有一种饮料叫草原之火（prairie fire），由龙舌兰酒加少量塔巴斯科混合而成。

公司总裁保罗（Paul C. P. McIlhenny）说道，
"经营市场需要各式各样的平衡行为。"

家族传统

在大竞争时代里，企业差异化的一个有
效方法就是保持家族业务。由于赋税和后代
的原因，很多情况下这么做可能不容易。但
如果家族能够团结起来，这会是一个强有力
的概念。

上市公司冷漠无情，而且由贪婪的股东
操纵。相比之下，家族企业给人的感觉更亲
切，人们会认为家族企业更多关注产品而不
是股价。此外，家族企业在参与社区活动方
面获得的评价更高，因为他们是本地人，企
业也创办在当地。另外，家族企业往往对待
员工如家人一般，这给员工一种共同成长的
感觉。

在大竞争时代
里，企业差异化的
一个有效方法就是
保持家族业务。

产品制造

企业都非常努力地开发新品，工程师设计人员和生产者花了大量时间在制造和测试产品上，他们认为这些工作比任何事情都要重要。但营销人员却忙于广告、包装和促销活动，认为研发、制造工作理所当然，往往迷失战略。然而，深入研究一个产品，清楚其工作原理，可以从中找到有力的曾被忽视的差异化概念。

神 奇 成 分

许多产品通常含有一项起特殊作用的技术或设计，而且经常是有专利的。然而，营销人员对此方面的解释不是太复杂就是混乱不清，他们宁愿做调研并把注意力集中在产品使用利益或者生活体验上。企业人员最喜欢说此类言辞："人们不关心产品的制作过程，只关心产品能带来什么好处"。

这就是战略盲点。

同一品类中的大多数产品带给人们相同的东西，所有的牙膏都防止蛀牙，所有的新车开起来都很顺手，所有的洗涤剂都能洗净衣服，但产品的制作方法却常常使它们与众不同。

战略，就是如何让企业和产品与众不同。

正确的做法是，关注产品并找出那项独特技术，可能的话为它取一个好名字，将其包装成一种神奇成分。

佳洁士推出含氟防蛀牙膏时，宝洁确保让每个人都知道它含"氟"。有人明白氟是什么吗？这不重要，只是它听上去很有吸引力。

索尼开始称霸电视机业时，将"特丽珑"显像小题大做，一样没有人明白那是什么，但一样很有吸引力。

通用汽车花了超过1亿美元，来推销凯迪拉克的北极星系统（Northstar），没有人能明白这个引擎如何工作，但有钱人趋之若鹜。

不一定要解释清楚这些神奇成分，它们本身就是魔法。

> 战略，就是如何让企业和产品与众不同。

高 级 制 作

企业喜欢省钱做事，咨询业称之为"提高运营效率"。但有时候必须花更多的钱，才能生产更好产品。如果整个行业普遍追求低成本，企业可以从高端实施差异化。

Stanislaus食品就是这种例子。番茄沙司行业为美国众多意大利餐馆提供原料，惯常做法是制作浓缩番茄汁，那样便宜且运输方便。Stanislaus公司的所有人迪诺（Dino Cortopassi）觉得，没有经过浓缩工艺而新鲜包装的番茄沙司应该更好，而且可以卖出高价。结果如其所愿，美国大多数意大利餐馆赞同迪诺的看法，Stanislaus成了第一品牌。

传 统 制 作

Aron Streit公司的故事与此类似。

它是最后一家独立的犹太人薄饼公司，所在市场由B. Manischewitz公司统治，自己只占很小份额。Aron Streit公司实施了"传统"战略，把自己的犹太人薄饼同其他薄饼区隔开来。尽管行业趋势是将制作外包，但是Aron Streit仍然坚守在曼哈顿区的Rivington大街，店头制作犹太人薄饼，自1914年创立以来它一直没有改变过。

如果上该公司网站（Streitsmatzos.com），顾客会发现这家公司知道怎样做到与众不同。Aron公司这样说，"为什么我们的犹太人薄饼不同于国内其他犹太人薄饼呢？因为我们一直只在自己的炉子里烘制，绝不外包"。

90年过去了，他们仍然用传统方式制作犹太人薄饼。

创造热销

如果企业的产品热销，应该让整个世界都知道自己很热销。人们有从众心理，喜欢知道什么是热点，什么不是热点。口碑就是这样，一个人告诉另一个人什么是热点，在市场中这会具有强大的力量。心理学上证明，虽然人们同情弱者，但他们还是更信任赢家。

害怕自夸

企业往往有一种思维，不愿意讲述成功，担心自夸是出风头表现，是坏习惯。但我亲历许多企业，发现更多人不愿意自夸的真正原因，是害怕不能永远保持热度，预想会遇到尴尬。

事实上企业或产品起步就像发射一颗卫星，重要的是在初始有推力让品牌进入轨道，一旦到达了轨道，情况将完全不同。比竞争对手更热或销售增长更快，这都能给企业带来推动力，让品牌上升到一定高度，之后的战略选择大有可为。

创造热销的方式

什么时候使用"热销"战略？如何定义"热销"？这里有三种最普遍的方法。

• **销量**

最常用的是拿销量和竞争对手相对比。但不要认为它必须是年销量，企业可以选择任何时期的销量——六个月、两年或五年，选择时期以对自己最有利即可。而且企业可以任意选择参照标准，甚至不一定要和竞争对手作比较，可以和自己以往相比。

• **行业排名**

大多数行业有年度业绩排名。排名可以来自《餐馆新闻》（*Restaurant News*）或《美国新闻和世界报道》（*U.S. News & World Report*）那样的消费者杂志，也可以是J.D. Power那样的机构。如果企业在其中的任一排名为第一，应尽可能大张旗鼓地利用它。

• **行业专家**

有些行业有专家和评论员，他们经常撰写专栏文章，或者观点经常被引用。在高科技行业更是如此，这个行业里有Esther Tyson和加特纳公司（Gartner Group），有时企业可以利用他们的评论或报告作为根据。好莱坞使用这种方法打响一部大片，出版业借此造就一本本畅销书。

借 助 媒 体

自己启动传播是有效的，但如果能得到媒体垂青就更好，大张旗鼓的公关计划可以带来很大回报。

事实就是，"第三方"说法非常有说服力。无论是邻居还是当地报纸，人们觉得这些来源客观可靠，如果他们说某某很热就肯定很热。

在公共关系中获得成功，就像是在池塘中扔一块石头，浪花开始很小，但是它慢慢会波及整个池塘。企业应该从行业专家开始，再扩展到专业性报纸，然后是商业媒体和消费者媒体。

最重要的是，企业和媒体沟通之前必须找到自己的差异化定位，然后形成整合传播。专业操作步骤如下。

• **第1步，综合分析竞争**

任何企业都不是在真空中争夺注意力，竞争对手始终存在且一直在不遗余力地为自己做宣传。企业信息必须切合行业环境，必须从市场和顾客对竞争对手的认知开始。

· 第2步，找到差异化概念

实施差异化就是要做到与众不同，企业要寻找自己有别于竞争对手的东西。思考要点是，差异化不一定要和产品相关，但要为顾客提供利益点。

· 第3步，寻求支持点

为建立差异化，应当寻找符合情理的"信任状"支持差异化概念，使它真实、可信。

比如差异化建立在产品特性上，则应该有能力证明那个特性确实成立，这个证明就成了产品的信任状。如果有防止渗漏的阀门，那么应该可以将它同会渗漏的阀门进行直接对比。

· 第4步，整合传播

确立差异化概念和支持点，意味着战略成型，但并不意味着生意就此自动上门。企业的目标是将品牌概念打入顾客心智，建立认知。

自此战略实施开始，企业围绕差异化概念整合传播，包括：

· 广告

· 宣传册

- 网站

- 销售说辞

方方面面必须反映差异化。更重要的是，
企业从此可以沿着这一方向重新整合所有资
源，配合运营，最终使差异化逐步形成核心竞
争力。

小　结

*If you don't have a point
of difference, you'd better have a low price*

如果没有差异化，

你就最好有低价。

POSITIONING

第 4 章

战略就是打败对手

在当今的市场环境下，商业的重点已不在于满足顾客需求，企业的发展更多地源自将竞争对手的生意抢过来。商业已成为一场战争，而战场即是顾客的心智。

新时期企业成功的关键，不再是更好的员工和更好的产品，我们需要更好的战略，以最佳状态和竞争对手展开顾客心智的争夺。

"优秀团队"的谬误

作为企业家你应该让员工相信，优秀的团队将取得最终胜利。因为队伍需要这种激励。

但是，卓越的军事家不会让战略建立在依靠优秀士兵的基础之上，商业领袖也不会这么做。企业家可以而且应该告诉员工，他们是多么优秀，但不能仅仅靠更好的员工来打胜仗。

打胜仗要靠更好的战略，先确立制胜之道，然后求战，而不是期望每一个士兵临场时以一当十。统计学能够证明，召集优秀分子组成骨干力量是可能的，但企业越大，其员工队伍的平均素质越会趋于平庸。在超大型企业中，打造一个完全由优秀人才组成的团队，其可能性几乎为零。

"更好产品"的谬误

管理人员另有一个根深蒂固的观念，以为更优质的产品能在商战中获胜。这源自另一个信念：真相终会大白于天下。

这是一种"由内而外的思维"。在企业看来，自己的产品优于对手是事实，广告公司和销售人员可以把事实告诉顾客，澄清他们心智中对竞争对手的认知，改买自己的产品。

然而这只是自欺欺人，顾客心智中已有的认知并不容易被广告和销售人员改变。

什么是事实呢？每个人的心智中都沉淀有既往的认知，任何新的信息想进入心智，都必须和既往认知相符。所谓"事实"，就是顾客心智里的认知，而不是什么"真相"——这是商业中唯一的事实。

商业的重点已不在于满足顾客需求，企业的发展更多地源自将竞争对手的生意抢过来。商业已成为一场战争，而战场即是顾客的心智。

"如果你真的聪明，为什么你不富有？"

企业家不妨尝试"由外而内"的思维。就算顾客打算相信你的产品比别人更好，那他很快会面临第二个问题："既然这个计算机比IBM还好，它怎么没有像IBM那样成为老大呢？"即使企业改变了一些人的心智，他们立即会被更多未被说服的人所动摇。

如果你真的那么聪明，为什么没有富起来呢？这是个难以回答的棘手问题。在商战中，你不能冀望"真相终会大白于天下"而获胜。事实上不管是战争史还是营销史，都是由胜者书写的而非败者。赢家一样会说：胜利属于更好的产品！

商业是场战争

25年前，我和艾·里斯在《商战》 ⊖ (*Marketing Warfare*) 一书中首次提出了这个观点。回想起来，当初描述的市场还像茶话会般轻松！即使10年前，"全球经济"一词也说得不多，只有寥寥可数的几个跨国企业从事着全球业务。

⊖　本书中文版于2011年由机械工业出版社出版。

跨入新世纪，全球100个最大的经济实体中，51个不是国家而是集团公司。500个最大的集团，其交易占到了全球的70%。如今的商战愈演愈烈，蔓延至全球，每个企业在每个地方都进行着相互争夺。

这意味着《商战》的原则比以前越发重要，企业必须学会如何和他们的竞争对手打交道——避开竞争对手的优势，发掘他们的不足。组织必须学会，不要让自己的员工为企业牺牲，而应当让竞争对手的员工为他们的企业牺牲。

组织必须学会，不要让自己员工为企业牺牲，而应当让竞争对手的员工为他们的企业牺牲。

商业需要新哲学

根据传统的营销定义，营销必须满足消费者的需要。

西北大学的菲利普·科特勒（Philip Kotler）教授认为，营销是"人类通过交换过程来满足需要的活动"。

密歇根州大学的E.杰罗姆·麦卡锡（E. Jerome McCarthy）认为，营销是"组织通过预测消费者和客户需求，以及形成满足需求的商品和服务，从生产者流向顾客或客户，从而达到其目标的活动"。

这些传统观念影响深广，促使企业总是以顾客为导向而不是产品，以至于"顾客是上帝"这一观念至高无上，统治了全球商界。

问题在于，现在每家企业都是顾客导向，都在努力满足相同的顾客需求。其结果将导致企业行为的趋同，了解顾客需求变得毫无意义。通用汽车公司的问题并不能通过研究顾客而得以解决，它必须面对的是福特、克莱斯勒以及其他进口汽车的竞争。

转为竞争导向

既往的企业战略规划，不可避免会包含谈及竞争情况的部分。现在日益凸显的竞争事实让人确信，将来的企业规划中将包含更多关于竞争对手的部分。仔细分析市场的每一个参与者，排出强弱，同时制定出行动计划去侵蚀弱者、抵御强者。

甚至有一天，这种规划中将包含竞争企业每一位主要人员的档案，包括他们好用的战略及作风，就像第二次世界大战中德军所建立的盟军将领的档案一样。

这一切意味着什么？意味着企业将目光从顾客转向了竞争对手，做好一切准备，发动商战。战略规划变得越发重要，企业必须学会如何对竞争对手发起进攻或侧击，如何防御，如何以及何时展开游击战。

企业必须基于四种战略模型（见图4-1），找到适合自己的战略形式，在此基础上进行战略规划。

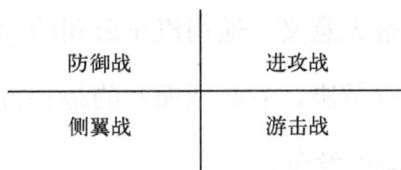

防御战	进攻战
侧翼战	游击战

图4-1　战略方阵

1. 防御战模型供市场领导者采用。

所谓领导者，是指被顾客认知的领导者，而不是自己认为某方面领先的"领导者"。

领导者应该不断地创新，超越自己，并提高竞争门槛。例如，吉列，就是一个防御战企业的典范，它每隔两三年就推出新概念刀片更替老产品，从双层刀片Trac II到可调节双层刀片剃须刀Atra，接着是减震剃须刀Sensor，然后又是三层刀片锋速3。这种不断创新前进的企业，让竞争对手难以瞄准和攻击。

优秀的领导者还应该对竞争对手进行阻击。
当Bic公司推出一次性剃须刀时，吉列很快推
出双层一次性刀片Good News予以封锁。

如今吉列公司独霸剃须刀市场，总共占有
超过60%的份额。这才是真正的领导者。

**2. 进攻战模型适合市场第二位、第三位
的企业。**

首要的原则是避开领导者的强势，从其存
在的弱点攻入，并倾注全力于此一点。

近年美国增长最快的比萨连锁店是棒！约
翰比萨（Papa John's）。它采纳了我们提供的战
略，针对必胜客的配料出击，用美国最好的番
茄沙司建立自己的概念："更好的配料，更好
的比萨"。棒！约翰围绕"更好原料"这个核
心形成了战略整合，比如使用上好的奶酪和上
乘作料，甚至将水过滤，以制作更好的面团。

《华尔街日报》报道，"棒！约翰比萨来势
汹汹"，必胜客无可奈何。

如果你的产品中采用了新一代技术，那将
是进攻领导者的最好方法之一。在造纸业纸张

领导者应该不
断地创新，超越自
己，并提高竞争门
槛。

优秀的领导者
还应该对竞争对手
进行阻击。

避开领导者的
强势，从其存在的
弱点攻入，并倾注
全力于此一点。

均匀度测量控制系统方面，现任领导者Measurex与原领导者AccuRay（ABB的一部分）展开了争夺，后者处于进攻地位。AccuRay将宝押在了新一代电子扫描技术上，将它叫做"超级扫描整纸成像"，保证实现的质量控制测量是对手所不能达到的。这一新概念非常奏效，它让竞争对手的技术成为过时货。

3. 侧翼战模型适用于避开主战场的小企业或新企业。

选择侧翼战，意味着进入一个没有竞争的领域，创造出战略奇效。

当19岁的迈克尔·戴尔开办自己的小型电脑公司时，他知道不能和既有的大公司争夺店铺渠道。于是决定打破常规，在行业中发动了侧翼战，进行电脑直销。戴尔在五年内就打造出了一个价值8亿美元的企业，现在则成长为电脑业最成功的公司之一。

侧翼战通常是借助一个新概念出击的，比如Orville Redenbacher爆米花或Grey Poupon芥子酱。在高尔夫器具行业中，企业们聚焦于一号木杆、铁杆和轻杆，Adams公司则推出享有专利的扁平设计木杆，专攻"贴地球球道木杆"（Tight Lies Fairway Woods），迅速成为美国增长最快的球道木杆。

4. 游击战模型通常适合于小企业。

首先，找一块"小到足以守得住"的细分市场，在小池塘中做大鱼。

其次，无论多么成功，都要切忌"自大"，免得自找麻烦。

最后，必须准备随时撤退。出现任何不利苗头，小企业应该主动回避以待东山再起，因为自己太小，承受不了损失。

我参与的一场游击战非常有趣，它发生在加勒比海，那里所有的岛屿都在进行旅游战。

格林纳达（Grenada）是加勒比海最南端的小岛，其让人略有耳闻是因为里根总统为驱逐几个古巴人入侵过该岛。现在它失业率高达30%，极想争得旅游生意以解燃眉之急。这里很少有混凝土建筑，还有未被过度开发的海岸，甚至，这里的建筑物都还没有当地的棕榈树高。我们为它提供"守得住"的概念是"保留加勒比海原貌"。因为格林纳达旅游开发晚，所以未受破坏，而其他岛屿都已经被开发过度，无法重返原貌了。这一游击战略非常成功，几乎一夜间让格林纳达声名鹊起。

不过，游击战企业必须知道这样一个事实，<u>丛林有时</u>

会变成一个人口密度过大的地方。最近美国啤酒行业中的微酿游击战就是这样，眼下微酿品牌多达4 000个，清盘随时可能发生。

战略和战术

战略模型提供了企业对主要竞争对手的界定，给出了战略规划和作战的原则，然而如何在此基础上发展出具体的战略呢？

集结多年来为美国诸多大企业提供战略咨询的经验，我得出一个革命性的结论：无论选择何种战略模型，战略应该自下而上发展，而不是自上而下规划。换句话说，战略应源自实际可行的战术，营销战术导出企业战略。

这一点和企业人的观点恰好相反。企业普遍的信条是：组织应该首先确立大战略，随后才能开发战术。这是"自上而下"的思维，企业先规划自己想做什么，然后期望市场顺从自己意图，使目标得以实现。

企业率先把重点放在战略和远景上时，常会犯下两大错误：第一，拒绝承认失败；第二，错失成功机会。我在既往的著作《营销革命》[⊖]中，对此有过论述。

什么是战术

战术是你如何进入顾客心智，是一个有竞争差异的心智切入角度。

也就是说，在现代商业中，企业必须首先考虑如何将品牌打入顾客心智。顾客头脑中充满着各式各样的竞争品牌，占据不同定位，企业需要寻找到一个不同于竞争者的定位角度，切入进去。

因此，战术的首要特征就是差异性，可以是更小、更大、更轻、更重、更便宜、更昂贵，或者是与众不同的分销系统。而且这种差异性是对整个市场而言，不仅仅是与一两个竞争对手的产品或服务相比有区别。

找到了一个进入心智的角度和方向，企业就可以接下来将这个战术转化为战略，将品牌真正打入顾客心智。

什么是战略

战略并非目标。自上而下的企业思维属目标导向型，

⊖ 本书中文版已由机械工业出版社出版。

大家首先决定想要达成的结果，然后再去设计达到目标的方案与手段。

然而战略不是目标，它是企业一致性的经营方针。

战略的一致性是指始终指向所选择的战术，整合企业所有的资源和运营活动，包括产品、价格、分销、广告——所有的一切，以促使战术的达成。如果把战术看成是瞄准顾客心智的钉子，那么战略就是挥动势能的锤子。

战略作为一致性的经营方针，一经设定就不应改变。战略目的就是配置企业资源去促成战术优势实现，最大限度地利用和张扬战术优势，而不受具体目标的局限。当战术达成，战术优势转为战略优势，我们就说企业战略实施成功。

可以看到，战略源自于战术，无论企业选择何种战略模型，战略规划一样从寻找战术开始。

战略目的就是配置企业资源去促成战术优势实现，最大限度地利用和张扬战术优势，而不受具体目标的局限。

战术与战略的对比

战术是一个概念或一个角度。战略则有许
多要素，这些要素围绕战术为中心进行整合。

战术是极富差异性的，战略则可以是普通
平常的。

战术脱离于时间范畴，相对静态；战略则
带有时间概念。美国大多数零售商间或进行的
促销打折是战术，"天天低价"的折扣店实行
的打折销售是战略。

战术是一种竞争优势，战略是达成与保持
竞争优势的规划。

战术独立于产品、服务和企业之外，甚至
可能与企业制造的产品无关。战略则属于企业
内部范畴，包括多方位的重组。

战术以传播为导向，让顾客接受概念。战
略以产品、服务或企业为导向。

自下而上的战略原则是简单的：企业选择
适合的战略模型，界定主要的竞争对手，针对
竞争寻找独特的战术，然后形成战略规划。企

战术独立于产品、服务和企业之外，甚至可能与企业制造的产品无关。战略则属于企业内部范畴，包括多方位的重组。

战术以传播为导向，让顾客接受概念。战略以产品、服务或企业为导向。

业的工作，是将特殊的战术推及为普遍的执行，将短期执行推延为长期的实施，从而使战略模型得以实现。

需要提醒的是，战术就是你比竞争对手更擅长的方面。第二次世界大战中巴顿将军擅长坦克战，这是他的战术。西南航空公司只有"单一舱级"，这导出了它廉价短途飞行的战略，从而获得空前成功。

小　结
....

Know your competition.
Avoid their strength.
Exploit their weakness.

知彼而战。

避其强势，

攻其弱点。

POSITIONING

第 5 章

战略就是选择焦点

商场如战场，生存和成功之道在于形成核心优势，无论是大集团还是小公司，企业一定要在某方面聚焦，做到最好。

企业若聚焦于某项特定的活动或产品，会形成"专家"优势，被认为在某方面具有更多知识和经验，甚至有时候超出实际。这和人们对专家的定义有关：在特定行业受过更多训练并具有更多知识的人。

相反，"通才"可能在很多领域中做得很好，但很难获得顾客认同。常识告诉人们，一个人或一个公司不可能成为各方面的专家。

一个教训

很多年前，我在通用电气任职时领教了"专家"的威力。

当时，通用电气提出了一个叫"组合式电站"的解决方案概念，向电力公司打包推销各类电气组件产品，意图包揽电力设备车间的所有业务，最终在完工后把钥匙交付给客户即可。

这是"一站式购物"概念，当时看来是相当不错的战略。

但事实如何呢？电力公司说，"非常感谢，我们会买通用电气的涡轮发电机，不过要向其他专业厂家买控制器、转换装置和其他部件"。就算是通用电气——电力发明者，客户还是要另找他图，他们需要各个品类中最好的专家产品。

另一个教训

不单专家购买的行业产品是这样，一般消费品同样如此。

就像家庭主妇面对一个"通用电气厨房"，她会说："谢谢，我们会买你的冰箱，不过我们要向厨宝（KitchenAid）买洗碗机，向美泰克（Maytag）买洗衣机，还有……"即使在她面前的是通用电气——电器行业的巨头，家庭主妇还是会选择各品类中最好的专家产品。

像通用电气这样的通才企业，虽然富有名气，但在市场上的表现是无力的。正因为如此，杰克·韦尔奇自1981年上台以来，便实施"数一数二"的战略，不断地聚焦，从通才领域退出。

另一个鼎鼎大名的大品牌，是卡夫食品。然而，当这个品牌对抗专家品牌时，却处处落后。

在蛋黄酱品类，好乐门获胜。

在果冻品类，Smuckers领先。

在芥子酱品类，French's第一。

在酸奶品类，达能更强。

幸运的是卡夫也有自己聚焦的专家品牌，那就是费城（Philadelphia）奶油干酪。在这个产品的盒子上有卡夫标志，但是人们甚少留意到，顾客以为它是费城某个厂商的产品。

看看零售业

最能代表商业潮流的零售业，印证了聚焦时代的到来。

现在面临巨大危机的是百货公司，那里什么都卖。而带来这种不幸的原因是，很难去差异化一个什么都有的地方。Campeau、L.J. Hooker和Gimbel's上了破产法庭，Hills百货商店申请破产，全球最大的商店梅西百货（Macy's）也申请破产。虽然还有些百货公司保存完好，但无不面临强大的压力。

Interstate百货也破产了，而后这家公司看了《定位》一书，决定聚焦它唯一赚钱的产品：玩具。于是Interstate把它的名字改为玩具反斗城（Toys "Я" Us）。现在，玩具反斗城在美国玩具零售中拥有17%的份额，成就今非昔比。

很多零售连锁店开始成功转型，走向了玩具反斗城的聚焦经营模式：集中品类，海量进货。史泰博办公用品公司和百视达录影带出租连锁店，就是这样的例子。

当今在零售业大获成功者，往往是业务聚焦的专家：

- 淑女装（The Limited）：高级职业女装

- 盖普（The Gap）：年轻休闲服

- 贝纳通（Benetton）：年轻、时髦的毛棉织服

- 维多利亚的秘密（Victoria's Secret）：性感内衣

- Foot Locker：运动鞋

- 香蕉共和国（Banana Republic）：高级休闲服

起着香蕉共和国之类名字的服装连锁店大行其道，昭示着我们生活在聚焦时代。

增长的背后

经济学家米尔顿·弗里德曼（Milton Friedman）说："我们对增长没有迫切的需要，只有迫切的欲望"。这种情况正在普遍发生。

越来越多的企业认为，规模越大就越好，但忽视了"大"背后的公司管理问题。没有经营焦点，盲目追求数字，将引发糟糕的商业战略。这一切源自华尔街的驱动，而在华尔街背后则是贪婪在作祟。（第8章将有更多论述）。

真正的出路在于"聚焦"，专家企业将无一例外地击败通才企业。因为顾客最终会信任专家，认为一个公司不可能事事精通，而他们需要同类中最好的产品。就像当今的美国航空业，只有西南航空公司一家盈利，因为它是专家，它聚焦经营短途直达航班。不提供转机服务，不提供餐饮，不确定座位，而且它是独此一家。

聚焦是全球经济发展的趋势，只有全球化的大品牌和特定领域内最好的专家品牌才能获得成功，介于两者之间的公司都会遇到麻烦。这些公司的规模不足以参与全球性竞争，与小型专家相比又缺乏活力。

聚焦成为专家

专家品牌可以聚焦于自己专长的业务作为定位，区隔于竞争对手，从而实现差异化。

在环境咨询领域，有许多公司提供相同的全方位服务。波士顿一家名叫ENSR的公司与众不同，聚焦于专项业务：环境尽职调查（EDD）。当发生国际性不动产及商业交易时，这家公司就动用它的全球资源，对交易中的环境因素进行评估。这种业务不仅把ENSR同其他咨询公司区隔开来，而且让该公司在帮客户评估环境后还能继续获得改进环境的业务。

聚焦成功的出版商

有一份叫《海明斯汽车新闻》（*Hemmings Motor News*）的月刊，一般人所知甚少，但在车迷中它拥有极高地位。这份杂志聚焦于经典汽车，在出版业创造了奇迹。

《海明斯汽车新闻》每月销量265 000份，每年赚取利润2 000万美元。这份杂志通常有800页，挤满了2万个广告，包括从福特T型车的轴承装置（售价55美元）到1932

年产劳斯莱斯亨利跑车（售价65万美元）。杂志有大量的小型黑白广告，都必须预先付费，而真正可阅读的专栏内容很少，发行部门也很小。

这家出版业最赚钱公司的所有者是特力·艾力奇（Terry Ehrich），他说这个杂志创造了汽车收集和修复的潮流，"我只是骑在好马上的普通骑师"。

这匹马，就是聚焦于一个很强的专家概念。

聚焦成为品类代名词

聚焦的专家型品牌的最强大之处，是有可能成为品类的代名词。它不仅代表企业的产品，还代表整个品类。这样一来，人们想要购买某类产品时，就直接只想到代表性的品牌了。

佳得乐（Gatorade）是一个非常强大的聚焦的专家型品牌，它在行业中达到了代表品类的程度，因为人们就把运动饮料叫做佳得乐。还有复印机中的施乐，透明胶带中的思高（Scotch）。这些都是很不容易的，只有聚焦的专家型品牌才有机会到达这种最成功的境界。

给我印象最为深刻的品类代表，是英国的马丁·贝克（Martin Baker）航空器材公司。这是一家家族企业，员工仅有千人，是制造军用喷气式飞机弹射座椅的领导者。几乎每一架战机都装有这样一个高科技座椅，在危险时刻把机舱人员弹射出去。这种座椅售价15万美元，马丁·贝克公司已经售出了7万多个，销量是最接近的竞争对手的4倍。

我恰巧在海军航空部队待过几年，那里的人们总把那种椅子叫做马丁·贝克椅。

小型专家

越来越多的人认识到，在全球经济中保持市场份额日益艰难，许多大品牌均陷入了困境。与此形成对照，有些聚焦的小公司你闻所未闻，但它们的表现却值得称道。

蓝道尔（Landauer）是一家生产X光工作环境下辐射监测牌的公司，它的销售额为5 800万美元，净利润达到收入的28%，占据了50%的市场份额。蓝道尔的战略很简单：聚焦于大公司所不屑的细分市场。

斑马科技公司（Zebra Technology）生产打印条形码

的热熔打印机，它的销售额为4.75亿美元，净利润为7 100
万美元，占有35%的市场份额。它采用的聚焦战略是：开
发一个独特的分销网络，深入竞争对手不易察觉的数百个
利基市场。

售后科技公司（Aftermarket Technology）生产改造传
动装置，它的销售额为4.15亿美元，占领了经销商改装轿
车传动汽配市场的72%。它采用的聚焦战略是：坚守自己
的业务。

这些公司规模不大，但"活"得很好。

大型专家

有些企业表面上看是一家综合型企业，但其实它们富
有焦点。这里有三个例子。

3M公司市值160亿美元，它喜欢谈及自己成千上万的
创新产品。但我观察到，推动3M发展的是粘剂产品业务，
而诸如头顶透射系统、硅胶乳房假体、数据存储、磁带、
录像带、复印机和心脏手术设备无一例外都是失败者，真
正赚钱的是即时贴和透明胶带。

吉列公司身价80亿美元，占有全球剃须刀片市场60%

以上的市场份额，这是它的核心业务。它同时还有金霸王电池、博朗小家电、欧乐－B口腔护理产品，相比于剃须刀，这些产品微不足道。吉列公司已出售了护发产品和办公产品业务，它还应该退出所有非剃须领域。

成功的专家型品牌必须保持专一性，不能让业务延伸而失去专家地位。

奥的斯（Otis）是全球最大的电梯生产商，在全球有超过100万台电梯处于服务中。但它属于联合科技公司（United Technologies），是其最成功的业务。联合科技同时拥有很多类似的专家公司，比如空调专家（开利）、直升机专家（西科斯基）、喷气引擎专家（Pratt & Whitney）、国防电子专家（诺顿），是一家囊括诸多专家型企业的大集团。

失去焦点

成功的专家型品牌必须保持专一性，不能让业务延伸而失去专家地位。

大多数的企业不愿意局限于一项业务或一个领域，而是追求尽量多的机会成为一家更大的企业。但这里有一项风险，一旦企业失去焦点，专家地位就有可能让位与人。亨氏是酱瓜业的专家，接着他推出了番茄酱，现在他在Vlasic和Mt. Olive的夹击下，几乎要退出酱瓜业务。

大众汽车公司曾经是微型车的专家，后来车子变得越来越大、越来越快，形形色色，现在日本车接手了它的微型车市场。Scott以前是美国卫生纸第一品牌，但是它慢慢变成了各种纸类产品的集合，而Charmin成了卫生纸行业的领导者。

警惕CEO个人嗜好

麦格纳国际公司（Magna International）是一个专家，它聚焦为全球首屈一指的汽车配件供应商，客户包括克莱斯勒、福特、吉普、道奇、雪佛兰、奔驰和凯迪拉克，年销售额在60亿美元左右。目前汽车业供应商正提供越来越大和愈加复杂的配套总件，比如整个座位系统，麦格纳国际公司处于这个趋势的前沿。

但是公司的主席弗兰克·斯特罗纳克(Frank Stronach)，同时也是一个养有数百匹良马的赛马爱好者。于是这个公司大举进入了赛马场和运动赌博业务，比如加利福尼亚的圣塔安尼塔（Santa Anita）赛马场，还有其他的赛马场也在谈判中。

结果只能是制造麻烦，很多股东们不会乐意。

将自己的焦点传达出去。不要以为每个人都知道品类中的专家是谁，人们期望了解谁是品类中的专家，企业要确保顾客知道那就是自己。

将焦点如实传播

如果企业聚焦经营，自然会获得优势竞争力。同时要做的，即是将自己的焦点传达出去。不要以为每个人都知道品类中的专家是谁，人们期望了解谁是品类中的专家，企业要确保顾客知道那就是自己。

斯巴鲁（Subaru）就是这样一个例子，它是一家日本汽车公司，四处出击，经营很不景气。1993年，乔治·穆勒（George Muller）成为总裁，提出了一个问题："企业的焦点在哪里？"答案是他们擅长四轮驱动技术，他们该聚焦于四轮驱动汽车，从而和丰田和本田区隔开来。

随后，斯巴鲁迅速推出了广告，自豪地宣布他们不生产轿车，他们只是四轮驱动汽车的专家。这个行为扭转了一家汽车公司的命运。

这个公司的销量曾经直线下跌60%，但它竟没有消亡，因为它实施了聚焦。

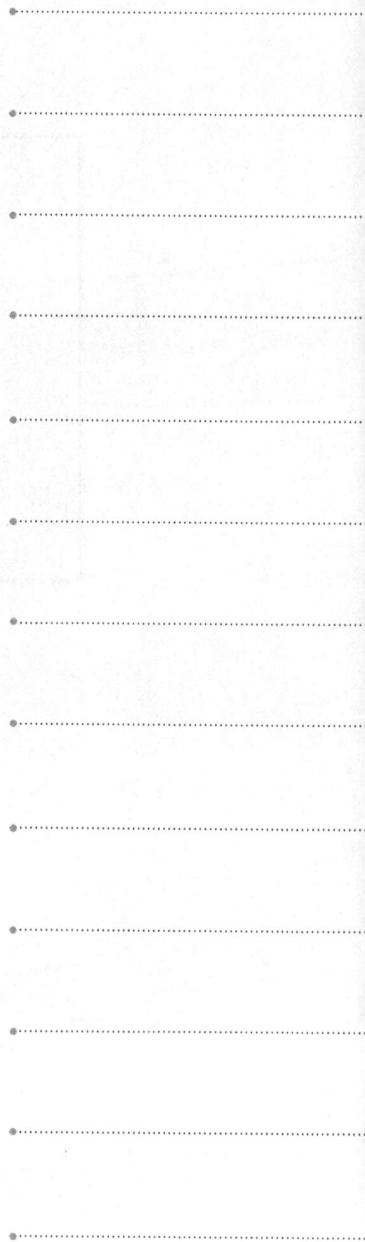

小　结

It's better to be exceptional at one thing than good at many things.

战略力量，
源自聚焦。

POSITIONING

第 6 章

战略就是追求简单

许多企业决策者认为，战略是一个很深奥、复杂的课题。然而就我40年的商业经验所得，伟大的战略只有一个鲜明特征，那就是"简单"。

简单的特征，不仅体现在战略过程抑或结果上，也体现在战略的主体——企业上。事实上我认为，对于战略规划与实施而言，"简单"的企业文化和价值观至关重要。

复杂的商业战略与执行，就如同复杂的军事规划与作战，其中事项众多，难免发生差池，注定易遭失败。可是大多数企业人欣赏复杂而不喜欢简单，因为简单的事物缺乏想象力。

借助常识

简单是否有效？借助常识可以打消人们对简单的顾虑。常识，是人所共有的智慧，是社会公认的明显事实。

不幸的是，人们在工作中往往忽略了常识。

麦吉尔大学（McGill University）的管理学教授亨利·明茨伯格（Henry Mintzberg）曾说："管理领域出现奇特现象，管理人员普遍收入丰厚而影响巨大，但严重缺乏常识。"

简单的东西总是显而易见的，因为它们符合事实真相。但企业人不相信直觉，总认为简单背后必定隐藏有更为复杂的答案。这是完全错误的，对自己显而易见的东西对别人也显而易见，这就是事实，显而易见的方案通常在市场上会格外奏效。

字典对"常识"的定义是：天生的良好判断，不受情绪偏好或智力差异的影响，也不依赖专门的技术知识。换言之，常识就是你一眼看到的事物真实面貌，无需牵涉情感与趣味，只凭直觉逻辑行事。

没有比这更简单的了。

街头观察

企业家应该比任何人更贴近生活，以保持良好的直觉和常识，避免简单而重大的决策错误。

如果通用汽车总裁走上街头，随机问10个人，"凯迪拉克汽车看上去像雪佛兰，它会好卖吗？"所有人都会回答"不好。"这些人就以常识做出判断，他们没有数据或调研支持自己的结论，也没有技术知识或专业智慧。对他们来说，凯迪拉克是宽敞而昂贵的汽车，而雪佛兰是小巧又便宜的汽车，事实不过如此。

但是企业却不那么看，常识完全被忽略。通用汽车推出了西马龙（Cimarron），一款就像雪佛兰的凯迪拉克，结果销售一团糟。它吃一堑，长一智了吗？没有。接着，Catera诞生了，又一款看上去是雪佛兰的凯迪拉克。它也不会卖得很好，因为它不合常理。普通人都知道这一点，但通用汽车不想知道。

常识是一种天生的超感觉，它是自然反应，非理性可言。因此很多相信逻辑分析的商业人士拒绝常识。但走上街头的企业人会意识到，顾客有时候非常不理性。

比如目前盛行的四轮驱动汽车，是被设计用来在野外无公路的地面上行驶。然而事实证明，只有不到10%的四驱车驶离过公路。大部分顾客需要四轮驱动汽车吗？不需要。他们为什么买这种汽车？因为其他人都在买。这里不存在"理性"。

企业依赖理性做出战略规划时，往往依赖调研和论证，而其中混杂了大量伪装成事实的错误假设，陷阱多如满天星。

市场调研

军事上的情报收集，在商业上称为"市场调研"。

优秀的军事家总是会对获取的情报抱以质疑，这样做绝对正确和必要。《战争论》（*On War*）著者卡尔·冯·克劳塞维茨（Karl von Clausewitz）谈及，"战争中获得的情报，很大一部分互相矛盾，更大一部分是假情报，而占最大部分的则值得怀疑。"可以这么说，战争少不了情报，但更不能依赖情报。

商业战场上的市场调研，同样存在此种内在缺陷，而企业情报收集的范围仍在不断扩大。通用汽车、柯达和摩托罗拉之类的大公司，设有专门的情报部门监督情报收集工作，其他公司也将"商业情报"和"竞争对手分析"作为战略规划过程的关键部分。美国50大研究机构，每年耗资40亿美元用于市场调研，其中38%的资金花在美国之外。

随着竞争压力的增加，公司对收集情报的重视程度也呈正比增长。

根本性矛盾

人类行为存在着根本性矛盾，世界越不可测，人类越努力收集信息以做预测和决策。(《加利福尼亚管理评论》(*The California Management Review*) 杂志就此刊发了标志性论文《管理和魔术》(*Management &Magic*))。

企业设计战略时无视竞争的日子已经一去不复返了，但紧盯着数字，迷信量化模型，一样于事无补。

那么，企业家应该怎么做？他们怎样利用信息去做出合理的决策？下面是几个建议。

切勿迷信数据

在信息泛滥的社会，企业的问题在于原始数据太多，而不是不够。现今社会，信息没有效用，简化才有效用。除非企业能从亿万条信息中甄别出最重要的信息，这些信息才是有效的。简化是令复杂事务明晰的艺术。

大规模的市场调研耗资数十亿美元，其结构性缺陷之一，即是调研执行者不会因为简化而获报酬。相反，市场调研公司往往以提供资料的重量收取报酬。所以企业决策者必须剔除冗余信息，把精力集中在最重要的信息上。通常情况下，重要信息仅占所有信息的5%以下。

当我为宝洁公司作战略咨询时，为处理宝洁最大的某个品牌，我问了该品牌经理一个关于能否获得调研资料的问题。该经理的回答让我感到吃惊，"市场调研？我们的电脑中装满了调研资料，你需要哪种格式的？我们的调研资料太多，都不知道该如何用！"

企业，特别是企业家，绝不能让泛滥的数据取代常识判断。通常情况下，市场中总有些热点，短暂的时尚会伪装成诱人的数据。根据1980年的某个市场预测，到1985年全美5%家庭将接入可视图文（Videotext）服务网络，这是一个相当大的市场。但可视图文只风行了一阵子，远没有达到预期效果。奈特－里德（Knight-Ridder）公司耗资600万美元设立了可视图文服务，从未获得盈利，最终只能放弃该业务。（最终是未被预测到的因特网成了赢家，它把所有人和文字连接起来。）

切勿迷信焦点小组访谈

关心顾客意见的企业家，常会得到一些市场调研材料，最常见的就是焦点小组访谈。

焦点小组在商业中应用最为普遍，也是最容易误用的调研工具之一。其操作方式是在屋子里坐满相互陌生的目标顾客，然后让他们就商业问题各抒己见。如若让这种信口开河影响战略，无疑将会是场灾难。

首先，这种调研有违正当程序。"焦点"一词启用于20世纪60年代，是指某项研究为了后续工作能够更好地集中进行而做的基础研究，它只是整个研究过程的第一步。然而今天，很多公司不会再从目标顾客中抽出最佳样本进行定量研究，而将焦点小组人员的意见作为了最终资料。

其次，焦点小组的研究过程把随机人群当成营销专家。普通人不会对商业问题进行深入思考，一个人一生中对牙膏的思考不会超过10分钟。然而焦点小组访谈要求的时间是2小时，需要人们以超常的思维过程提供意见，等于将这些人当成任职一天的商务经理。参与者确实会非常乐意表达意见，告诉企业该如何管

焦点小组在商业中应用最为普遍，也是最容易误用的调研工具之一。

好生意，但企业又怎能照听？

焦点小组是个火药桶

焦点小组异常难以控制，意见左冲右突，很容易把企业推向错误的方向。

召集一群女士按组坐下，问她们有关美容产品的问题，你得不到任何真实的东西，她们只会把自己认为你想听的东西告诉你。这和男人谈汽车时的情况也一样。让目标顾客点评企业战略或广告，他们会出于种种动机、需求和理解，信口开河，夸大其辞。

焦点小组访谈无法准确预测实际行为。一家大型食品公司计划推出一种挤出型儿童饮料浓缩汁，它召集了焦点小组以观察孩子的行为。在会上，孩子们乖乖地把饮料挤入杯子中，显示新型产品使用良好。然而产品真正上市后，这些孩子在家里把绚丽多彩的饮料全挤在地板和墙上，当成了涂料。家长怨声载道，最终该产品不得不停产。

切勿迷信试销

产品大规模上市前选择区域市场试销也行不通，试销本身含有自相矛盾的因素。试销是为了看清产品在市场的表现，但有时会将事情搞得复杂。金宝汤（Campbell）公司耗时18个月，开发出一种名为Juiceworks的混合果汁，它进行了试销。没想到产品真正上市时，3个竞争品牌的同种产品早已上了货架，金宝汤公司只能放弃该产品的推出。

当水晶百事（一种透明可乐）进行市场试销时，它很快占领了4%的市场份额，立即被行业报纸赞誉为成功典范。但数月后形势大转，水晶百事份额跌到1%。百事可乐公司没有顾及到顾客的好奇因素，人们一开始会对透明可乐产生好奇，但尝试过后就会认为，还是正宗颜色的可乐味道更好。

行为无法预测

调研还有一个缺陷，它试图通过调查态度来预测行为，事实上这很难做到。人们总是说是一套，做则是另一套。

多年前，杜邦公司进行了一项研究，对前去超市的5 000名妇女询问她们想买什么产品，然后在出店时予以检查。调查报告的结果令人深感震惊，这些妇女只有30%

的人如自己先前所说购买了特定品牌的产品，而另外70%的人则买了其他品牌的产品。

另一个典型例子是施乐，它在推出普通纸复印机前做了调研。结果显示，在热转印复印每张花费1.5美分的情况下，没有人愿意花5美分进行普通纸复印。施乐置调研结果于不顾，结果反而大获成功。

战略规划所要的，是本品牌和竞争品牌在顾客心智认知中的优势与劣势。

获取心智快照

企业真正要做的是获取顾客心智中已有认知的快照。而不是让被调研者深入思考并提出建议，战略规划所要的，是本品牌和竞争品牌在顾客心智认知中的优势与劣势。

我经常推荐的调研方式，是列出一个品类的相关特性，让顾客按这些特性为品牌一一给予1～10的评分，调研目的是找出哪个品牌占据了哪种特性。

举牙膏品类的例子，牙膏最明显的相关特性有6个：防蛀、口味、洁白牙齿、清新口气、天然成分和高科技。佳洁士品牌构筑于防蛀上，Aim牙膏口味好，UltraBrite洁白牙齿，皓清清新口气。最近，Tom's of Maine抢占了天然成分特性，Mentadent则凭借烘培苏打和过氧化物技术成为高科技品牌。

　　每个品牌都在顾客心智中拥有一个特性，企业应事先找出要抢占的特性，市场调研就是描绘出进入顾客心智的导引图，并展现竞争对手在心智中如何被认知（第2章中已有论述）。

> 有舍方有得，舍弃是战略的精髓，如若能缩小聚焦于一个词或一项利益，最能打入顾客心智。

在心智中拥有一个字眼

　　我在《22条商规》中提出了"聚焦法则"，指出企业在顾客心智中拥有一个字眼即能获得成功。实质上，"字眼"即是进入心智的战术，也即是战略（参阅第5章）。

　　这个字眼不是复杂或生造的词，而是要尽量简单，最好能直接从字典中找出。

　　有舍方有得，舍弃是战略的精髓，如若能缩小聚焦于一个词或一项利益，最能打入顾客心智。联邦快递能把"隔夜送达"放入顾客的心智，是因为它舍弃了产品线，集中经营隔夜送达的小包裹业务。

找到品牌所要的字眼，无需语言天分，它应该非常普通。Prego在意大利面酱市场和领导者Ragu争夺，拿下了16%的市场份额，它的概念借用自亨氏：更稠。

既简单又能寓示利益，就是效果最佳的字眼。无论产品如何复杂，市场需求如何复杂，聚焦于一个词或一个利益总是胜过囊括两个、三个、更多个词或利益。棒！约翰比萨店用词算是多的了：更好原料。

当品牌能牢牢建立一项利益，占据一个字眼，顾客就可能赋予它很多其他利益，称为"光环效应"。

当品牌能牢牢建立一项利益，占据一个字眼，顾客就可能赋予它很多其他利益，称为"光环效应"。

"更稠"的意大利面酱寓示高质量、营养丰富、价值更高等。

一辆"更安全"的汽车寓示了设计更为完美、引擎技术更为精湛。

无论是否属于战略规划带来的结果，但凡

成功的企业或品牌都能在顾客心智中占据一个"字眼"，这是企业最为宝贵的心智资源，它为企业成长提供源源不断的动力。例如：

佳洁士……防蛀

奔驰……工艺

宝马……驾驶

富豪……安全

达美乐比萨……送餐上门

百事可乐……年轻人

Nordstrom商店……服务

字眼有不同的种类，它可以和产品利益相关（防蛀），和服务相关（送餐上门），和目标顾客相关（年轻人）或和销售情况相关（受欢迎品牌）。但有一点共同而至为重要：必须简单。

复杂令人疑惑

马克·吐温写信给一位年轻人，赞扬道："我发觉你语言平实简洁，用词简短而句子紧凑。英语写作就该这样，这是现代的方法，也是最好的方法，保持这个习惯！"这恰恰是商业中所需要的语言。

莎士比亚写《哈姆雷特》（*Hamlet*）使用了2万个词汇，林肯在信封背后草拟葛底斯堡演说时有11.4万个词汇可以选择，今天《韦氏大词典》（*Webster's Dictionary*）的词汇超过60万个（汤姆·克兰西（Tom Clancy）似乎在他最新的1 000页小说中使用了所有词汇）。语言正日趋复杂，人们必须排斥尝试使用一些生僻词汇的趋势。

如果那些老谚语用现在深奥文辞来表达，会有什么效果呢？

- 美丽具有的深度仅仅是皮肤特性上的。（美貌不过一张皮。）

- 给一只退休的狗灌输革命性的行动是无效的。（老狗学不了新把戏。）

- 从含碳的材料上发出的看得见的气体是马上要着火的预兆。（有烟的地方就有火。）

- 一个滚动的石质物体不会附着苔藓植物。（滚石不长苔。）

尤其在商业上，战场在顾客心智，打入心智的信息必须清晰易懂，并且越短越好。

商业语言

然而事实往往相反，商业人士对发明语言有天生的癖好。这里有一段直接引自某个未来派人士和管理权威的话：

> 经理们开始明白有很多变革模式，一个是我称之为"范例增进"，说的是全面质量，持续改进信息；另一个是激进变革——或者说是范例转移变革——这与你必须处理的其他变革有很大不同……

《财富》杂志曾报道，马萨诸塞州莱克星顿有家叫更好沟通（better communications）的公司，专门向小企业主传授写作技巧。该公司挑出了在《财富》500强企业中流行的管理者谈话用语，称之为"地狱备忘录"。

- 高层领导坐在直升机上看景象。（老板们盯着一周后的工作了。）

- 附加价值是级数加速利润曲线的楔石。（提供更多消费者想要的产品，增加销售额和利润。）

- 我们必须实现主动管理。（让我们都做计划吧。）

- 我们利用了跨职能专家的合作。(不同部门的人互相交流。)

- 不要挤压员工的津贴项目。(不要拿着员工的薪资鬼混。)

- 你的工作，就目前来说，被认定为"保留"。(你还没被解雇。)

尤为糟糕的是，有一本叫《管理浪潮下的迷思》(*Fad Surfing in the Boardroom*) 的书，它的作者不得不出了一本关于新生商业词汇的字典。《华尔街日报》披露了一个名叫"专业术语赌博游戏"的新活动，指员工在会议中通过找出老板所说的行话和生词计算得分，以图一乐。

商业人士为何使用这些华而不实的词语？原因之一是误会，使用者误以为这会让他们看上去显得机智、深奥和重要，但其实这些词语让他们无法被人理解。就本质而言，他们相信复杂，反而无法理解简单，结果陷入更为复杂。

鲁道夫·弗莱什 (Rudolf Flesch) 博士第一个站出来指出，商业中应该采用日常语言。我对此深表赞同，因为语言承载战略，它针对的心智喜欢简单。

一个真实的故事

多年前，我参加了一个长达两小时的会议，会上由设计公司提出一个耗资数百万美元的标志设计方案。和往常一样，报告人使用了像"形态"、"范例"之类的词，并抛出类似"色彩偏好"的模糊概念，使整个会议充满了晦涩难懂。我向旁人承认听不懂说了些什么，并要求他给我总结一下。结果对方突然笑了，看上去如释重负，坦言说他也完全听不懂，只是害怕承认，担心别人嘲笑。

企业必须知道，战略就是一些字眼，它需要进入顾客心智，需要简单这毋庸置疑。对企业家而言，他是战略最终的制定者，也是战略首要的实施者。保持简单至上的价值观，将赋予企业无处不在的力量。

彼得·德鲁克（Peter Drucker）谈道：

> 过去40年最为退步的趋势之一就是，如果你容易被人理解，你就是庸俗的。在我年少时期，经济学家、物理学家和心理学家——任何学科的领袖——都应该让自己被人理解，这是理所当然的事。

爱因斯坦花了多年时间和三位不同的合作者工作，以便让他的相对论更容易被外人理解，甚至连凯恩斯（John Maynard Keynes）也非常努力地让他的经济学可以被人理解。

然而就在几天前，我却听说一位资深学者认真地拒绝了他年轻同事的作品，因为读懂这篇文章的人数超过了5个。

如果企业知道战略最终体现为进入顾客心智的信息，就会明白我为什么不厌其烦地强调简单了。

小　结

*Big strategic ideas almost always
come in small words.*

伟大战略，

皆简单之词。

POSITIONING

第 7 章

战略就是领导方向

谈及企业的战略、愿景和使命，必须基于一个简单前提，就是企业要知道前进的方向。如果企业失去方向，一切都没有意义。

多年前在一本叫《彼得原理》（*The Peter Principle*）的书中，作者劳伦斯·彼得（Laurence Peter）和雷蒙德·赫尔（Raymond Hull）写道：

> 企业各级人员在今天均受到清规戒律的影响，或落入公共规律的窠臼，使得甚至高层人员也不必肩负领导的责任。人们只需跟随前人，遵守规则，就可随着人流前进。这种情况下，领导层也只是像船头木雕般摆在航船上而已。

可能正是这种对领导技能的悲观看法，导致了谈论领导力的著作的大量涌现，我至少看到有3 098本书的标题上印有"领导"一词，而它们的论述大多数完全就是谬论。

事实上，也许如何成为一个有效的领导者用不着要一本书来论述。德鲁克就用几句话来描述领导力："有效的领导，就是深入地思考组织的使命，鲜明地定义、建立它。领导者订立目标，订立优先次序，订立并维持标准。"

换句话说，领导者是个引领方向的战略家，而非循规蹈矩的管理人员，这是企业家的新角色。

领导者是个引领方向的战略家。

亲临前线

首先，如何找到正确的方向？优秀战略家一定是站在市场的最前沿，贴近顾客，探究顾客心智的脉络，感受商业的潮起潮落。谦逊的山姆·沃尔顿（Sam Walton），一生中不停地走访他的每一家沃尔玛商店，甚至半夜里到装卸码头和工人交谈。

很多企业家不像"山姆先生"，他们喜欢远离市场，似乎只有如此才像个领导者。企业越大，领导人越有可能和前线失去联系，这是制约企业继续壮大的最重要甚至唯一的因素。其他所有要素都有利于企业持续壮大，因为商业是战争，兵力原则显示企业越大越有优势。但是大型企业如果由于规模原因远离顾客心智这块战场，那么它会失去一些优势。

通用汽车公司的罗杰·史密斯（Roger Smith）和罗斯·佩罗特（Ross Perot）不和，其原因众所周知，佩罗特作为董事会成员在周末花时间去车市体验买车，而史密斯从不这么做。佩罗特说，"我们要用核武器摧毁通用汽车的官僚作风。"他主张去除公司里的私人车库和主管餐厅，以及专职司机驾驶的豪华轿车。轿车公司的管理人员居然配备专职司机开他们自己生产的豪华车，高层领导如何和市场脱节就可想而知了。

如果企业家很忙碌，该如何收集市场真实信息？该如何克服管理层迎合自己的倾向？如何能在听到好消息的同时也能听到坏消息？如果领导不能直接获得坏消息，就不能将隐患消灭于未然。

这里有个寓言：

计划：开始是计划，然后提出假设，假设需要检验。

工人：皱着眉头对组长说，"简直是狗屎"。

　　组长：对部门主管说，"就像一桶屎，臭得没法闻"。

　　主管：对经理说，"一容器的排泄物，气味强烈，没人能忍受"。

　　经理：对总监说，"一容器的肥料，没人能承受它的威力"。

　　总监：对副总裁说，"它促进生长，威力无穷"。

　　副总裁：对总裁说，"新计划效力强大，将积极推动公司增长与效率"。

　　政策：总裁审核时看到来自基层意见的反馈是，"计划很好"，于是新政策出台。

寻求实情

　　企业领导者为了获得市场真实情报可以进行暗访，这在调查分销商或零售商情况时尤其有用。这在很多方面和扮成平民巡访的国王类似，目的是为了获取市场正在发生的实情。和国王一样，CEO很少从大臣那里得到真实意见，就像宫廷内有太多的阴谋一样。

销售人员是个关键因素，关键是如何从他们那里得到对竞争情况的诚实评价。企业领导可以称赞诚实的信息，一旦CEO形成在乎诚实与真实的口碑，更多有用的信息会传达上来。

成为出众的领袖

最优秀的领导者务必是出众的领袖，他善于鼓动和协调，用语言和实际行动强化公司的方向和愿景。

美国西南航空公司总裁赫伯·凯勒赫（Herb Kelleher）是最伟大的领导者，他成了短途低价航运业务的国王，他的航空公司每年成为美国"最受尊敬"和"利润最佳"企业。西南航空公司的乘客，会被职员们不可思议的精神和激情所感染，甚至有乘客说："在这辆牛车上飞行充满乐趣。"

赫伯的个性就是公司的个性。赫伯是一个神奇的拉拉队队长，热爱员工并总能让士气高涨，深深地影响着公司的每一个人。我曾鼓励他买下正在出售的东海岸航空公司（East Coast），以使西南航空成为东部的主力。赫伯想了一会儿说，"我肯定自己会喜欢它在纽约、华盛顿和波士顿的航线，但我不想要它的飞机，更重要的是我不想要它的员工。"他是对的，无法鼓舞东海岸航空公司的员工。

赫伯·凯勒赫还具有卓越企业家的另一个特质：总会让业务焕发生气，并张扬出个性。在大通曼哈顿银行（Chase Manhattan）全盛时期，银行总裁戴维·洛克菲勒（David Rockefeller）频繁拜访外国首脑，新闻不断，似乎他成了国家首脑。李·艾柯卡（Lee Iacocca）在他执政期间，赋予了克莱斯勒（Chrysler）独特的个性。今天比尔·盖茨也在将微软公司个性化。盖茨看起来像一个计算机迷，听起来像一个计算机迷，他就住在计算机迷的房子中。

一位出众的领袖对顾客和潜在顾客而言，是一个强大的武器。他们令公司可亲可信，他们本人就会成为被追随者。德国人对乔治·巴顿将军格外尊敬，以至于盟军用他作诱饵。队伍以追随这样的领袖参战为荣。没有追随者，就不会有领导力。

领导与数字无关

企业家如果追求数字，终会为其所累。追求单纯的增长有害企业健康。

里查德·麦克金（Richard McGinn）是
朗讯科技公司的CEO，他最初把这个AT&T的
设备制造公司变成了华尔街明星，每年的销售
额增长达到两位数。但朗讯的增长停止了，
2000年它再次没有达成指标，销售部门压力
重重。

> 追求单纯的增长有害企业健康。

据商业媒体的无数报道，麦克金的措施是
提供廉价交易，朗讯公司允诺给客户提供折扣、
一次性贷款和其他优惠补贴。这种追求数字的
行为肯定会损害远期的销售。当朗讯不幸再次
未能达到销售指标时，顿时招致恶评如潮，股
票大跌，公司前途就此止步。

如果你的战略正确，那么漂亮的销售数字
是自然而然的事。

> 如果本书最终只警示一条法则的话，那就是战略的成败取决于是否将顾客心智视为战场。

领导与认知有关

如果本书最终只警示一条法则的话，那
就是战略的成败取决于是否将顾客心智视为
战场。

企业家应该少听管理层的话，他们擅长的是公司如何生产更好的产品，如何加强分销网络建设，以及如何向市场派遣更优秀的销售人员。领导者必须把精力集中在顾客心智上，而顾客心智不受管理人员控制。

我曾经问过通用汽车公司某位前CEO，是否质疑过通用公司车型过多，因为这个问题最终毁坏了公司的品牌。他是财务出身，对市场知之甚少，我的问题让他停下来思考了好一会儿。他回答："没有，但我事后想过这有些混乱。"

他的事后考虑绝对正确，可惜当时没有将直觉付诸行动。他以为主管们清楚自己在干什么，而通用直到多年后才察觉到这个错误。如今由于竞争激烈，企业几个月内就会因决策失误而付出代价，而不会是多年以后才察觉到错误。因而领导者直接了解顾客很重要，这一方面绝不能依赖下属。

我曾经对一家大公司说过这番话，但他们对削减管理层人员责任的做法表示怀疑。企业若想避免陷入麻烦，最好不要有这种怀疑。

远期思维

当企业家把精力集中在了解顾客认知，了解竞争对手在顾客心智中的优势和弱势时，就将会找到自己在心智战场可以占据的定位。接着，企业要着眼于远期，整合组织内部所有资源以形成长期一致的战略规划，来推动那个概念。

最重要的，就是必须愿意花时间让战略展开。为使战略得以实施和真正展开，企业家必须直面华尔街、董事会和员工的压力，愿意坚持路线不变。

莲花公司是最好的例子。该公司发明了在PC机上运行的电子试算表，但后来曾被微软的Windows Excel打败，公司陷入了濒临破产的边缘。CEO吉姆·曼兹（Jim Manzi）接受我们的建议，决定转移阵地，将未来定位于"群组软件"。吉姆·曼兹开始调集一切资源，支持Notes群组软件业务，使群组软件变成了莲花公司新的焦点，冲破种种困难，最终获得了成功。

贵在坚持

莲花公司付出巨大努力才取得今日成就。当被问及改变企业经营焦点的艰苦时，曼兹总结为"残酷的过程"。下面是他亲口述说的故事：

电子试算表曾经是莲花公司的核心产品，曾占到公司总业务量的70%，可以说是公司的"支柱"。但是微软公司和Windows打碎了我们的美好未来。

20世纪90年代初，我深信Notes是我们新的未来所在。不幸的是，公司里不是每个人都相信这一点，很多人只想改进电子试算表。在最艰难时期，12位副总裁离开了公司。他们没有像我这样紧盯着未来。

所有这些，加上对Notes不断投入资金，不可能让董事会不闻不问。让董事会成员支持Notes产品需要一遍遍地给他们讲故事，坚持观点，并搞好公司内外的关系。一旦董事会看不到美好前景，问题就大了。

　　幸运的是，销售额开始渐长，董事会对接近

5亿美元的投资也开始感到舒心……

　　曼兹知道前进的方向，在他的卓越领导下，经过大胆、长期不懈的努力，莲花公司终于摆脱了困境。故事的结局非常圆满，IBM公司以35亿美元收购了莲花公司，让它成为了商用软件的拳头产品。

领导者的将军特质

　　最后，既然企业家需要领导企业从事商战，作为一名战略家，拥有优秀将军的特质很重要。

• 领导者必须灵活通融

　　必须要灵活调整战略以适合形势，而不是反过来强求事实符合战略。优秀的将军有偏见，但是他在做出决定前会认真考虑所有的选择方案和观点。

• 领导者必须富有勇气

　　在某个时刻，必须做出果断而强硬的决定。优秀的将军会深思熟虑，最终拿出大无畏的勇气作决断。

• 领导者必须富于胆量

时机恰当时，需要迅速地投入战斗并施行追击。当形势有利时，大胆是一个特别有价值的特质，倾力而出决定胜果的大小。注意，要在困境时表现出极大的勇气，而在顺境时反而小心翼翼。

• 领导者必须通晓事实

优秀的将军制定战略，从基础开始，由细节开始。一旦战略被制定，它将简单而有力。

• 领导者需要运气

运气在任何成功中都能起大作用，需要很好对待此课题。当运气远离，应该准备好马上收手以减少损失。克劳塞维茨说："投降不是耻辱，优秀的棋手不会下一盘明显已经输掉的棋，将军也不该让战斗持续到最后的一兵一卒"。

上帝保佑！尽管企业家身份非凡，但仍然是常人，一样也会受权力、金钱和私欲的诱惑。在华尔街鼓吹增长、特权和名声的影响下，企业家会和市场以及内部发生的真实情况失去联系。

一个完美典范

这里有一个实现卓越领导的典范，介绍给企业家，那就是好市多公司（Costco）的詹姆斯·辛格尔（James D. Sinegal）。

好市多被称为是沃尔玛唯一敬畏的公司，因为没有任何企业能像好市多那样把大商店经营得如此之好。从财务数据上看，沃尔玛的山姆会员店（Sam's Club）商店数量比好市多多70%，但是好市多的销售额反而领先（好市多为344亿美元，山姆会员店为329亿美元），好市多的单店销售收入几乎是山姆会员店的两倍（前者为1.12亿美元，后者为6 300万美元）。

辛格尔如何做到这么成功呢？第一，他找到的战略方向是提供超低折扣价的高端产品，面向愿意购买有较高附加值的产品和低价购买自有商标的普通产品的城市成熟人群，而沃尔玛则面向广谱的大众人群。第二，他不受华尔街影响。在《财富》杂志最近题为"沃尔玛公司唯一敬畏的公司"一文中，辛格尔说，"我关心股价，但是不会为了季度报表而损害公司组织和战略"。

辛格尔在下属面前表现出很好的姿态，他把自己的薪水控制在35万美元，并且在过去3年里没有拿走一分钱红利。他的薪水和奖金封顶在门店经理的两倍水平上，令人觉得新鲜。

故事表明，卓越领导的力量是最佳的企业资源。《财富》杂志的那篇文章，援引了好市多公司某位主管对投资人说的话，"沃尔玛和好市多的区别在于，好市多公司有一位活着的山姆先生，而沃尔玛则没有。"

小 结

*No one will follow if you don't
know where you're going.*

失去方向，

则无人跟随。

POSITIONING

第 8 章

战略就是实事求是

过去10年中，我目睹美国很多大公司相继陷入困境和遭受失败，如宝丽来、AT&T、李维斯、安然、朗讯和其他从辉煌走向没落的公司。这些富有的公司无不人才济济，并得到咨询顾问和华尔街的大力推捧，各家的总裁年薪数百万美元，被媒体奉若神明。然而这些公司成了我的著作《大品牌大问题》中的主角，它们犯了同一个战略错误：脱离现实。

增长的陷阱

在我看来，华尔街是众多战略失误的根源。在华尔街营造的环境中，唯一鼓励企业去做的事是"增长"，这是导致很多企业做出错事甚至坏事，直至无可挽回的祸根。增长应该是把事情做好后的顺带结果，其本身不值得作为目标。CEO追求增长以保证任期和获取更高报酬，华尔街经纪人追求增长以保证名声和增加收入，他们为企业却考虑不够。

企业有必要追求这种增长吗？没有。有时

候增长欲望恰恰是损害企业行为的根源。

我曾经亲历过一家多品牌药品公司的商业
计划评估。各品牌轮流介绍新一年的计划，其
中一位年轻的执行者警醒地指出在他们的品类
中有一个新的强劲竞争者，这会打破市场格局。
但说到销售预测，数字是增长15%。我提醒因
为有新对手出现，不会有如此大的增长。而得
到的回答是，他们会采取一些短期行动和品牌
延伸。我再次提醒，这么做从长期看会损害品
牌。最后我才知道，是老板让他做出增长预测，
而老板需要增长是因为华尔街。

增长欲望恰恰
是损害企业行为的
根源。

15%的错觉

卡罗尔·卢米斯（Carol Loomis）是《财
富》杂志的著名编辑，她论及增长的奠基性文
章指出："对收入增长率的预期，通常会导致
目标落空、股票波动和会计上的胡作非为。"
接着问题被提出，"CEO们为何不能突破这种
惯性？"

卡罗尔在文章中列出了CEO们的一种普遍行为：

> 在明确列出的所有目标中，大型企业最普遍目标是每股收益的年增长率为15%。按此计算，企业大概会在5年后实现收入翻倍，毫无疑问地成为股市明星，而企业CEO会得到无比殊荣。

你没有必要去论证这怎么会发生，很显然，这样高的增长预测是为了引起华尔街注意。这就像是一个暧昧华尔兹发生在企业和华尔街之间，企业管理层想让高级分析师跟进并推荐自己的股票，而华尔街需要业绩出色的企业衬托分析师高明并吸引更多资金。

但这种增长预测，完全是一种错觉。

真实的数字

正如卢米斯在文章中所指出的，大量调查显示，很少有企业的增长率达到15%或以上。《财富》杂志分三阶段审视过去40年中的150家企业（1960～1980年，1970～1990年，1989～1999年），每阶段只有三四家公司的收入增长达到15%或以上，大约二三十家企业增长率在10%～

15%之间，40～60家企业在5%～10%之间，二三十家企业在5%以下，而还有20～30家企业实际上是负增长。可以看到，大赢家和大输家的数量大致相当。

总的来看，40年中企业税后利润年增长率恰好刚过8%。也就是说，任何年增长率达到15%的企业几乎是普通企业业绩的两倍。在这种现实情况下，难免有些企业开始从报表上做文章，以保持增长率的上升。

无法实现的目标

目标不当是商业计划流产的主要原因，战略规划反对订立目标是因为目标往往不切实际。设立目标意味着"我们想要达成什么"，就是既定的市场份额和资产回报，这使得企业设法强迫事情发生，而不管现实是否如此。

当企业受制于一相情愿订立的目标时，就拒绝了接受失败，会忙于设法达到那些不现实的目标。最终所有极端的手段会被用上，例如不必要的品牌延伸，耗资巨大的促销活动，等等。最重要的是，这一切让企业不能找准问题，直接面对它并设法解决。

订立目标会造成企业缺乏灵活性，当企业盯住一个目

标时，可能会使企业错过因选择不同方向就会
出现的机会。

"大"值得吗？

企业做"大"和"增长"具有危险性，
"增长的欲望"是否真的值得企业付出努力？
有关研究企业壮大规模这一课题，有许多惊
人的成果，严重质疑了规模壮大的真实价值。

大企业的弊端相当明显，它不愿意创新或
做出任何改变。IBM不愿意促使自己的客户从
大型主机转向小型机，通用汽车也不想让自己
的顾客从大型车转向小型车。结果，这些企业
对新业务表现出极大的麻痹和迟钝。

很少有成功的大企业这样说，"新概念更优
秀，我们要抛弃既有的概念。"真实的情况往往相
反，大企业会指出这些新概念的缺陷，他们忘了
新事物经改进后能成为新生力量，改变市场格局。

防御战的原则就是要自我攻击，大企业不
用更好的概念攻击自己，别人就会替它完成。

订立目标会造成企业缺乏灵活性，当企业盯住一个目标时，可能会使企业错过因选择不同方向就会出现的机会。

借"融合"之名

最近企业壮大规模的理由之一，是迎接"融合"。企业预测技术正在融合，许多业务会融于一体，必须跨领域布局。媒体企业对此响应最高，所有6个广播网络、电影和电视演播室已连为一体，实现广播业务的全面整合。另有五家企业则深患合并狂热症（Viacom、时代华纳、沃尔特-迪斯尼、默多克新闻集团和通用电气）。

随着时间的流逝，这些合并交易最终会带来问题。它们不会帮助企业形成商业强势，反而会引发会计问题。霍华德·斯特林格（Howard Stringer）在《纽约时报》撰文指出，"结果这些交易其实是施行了两年的购买会计法（译注：在购买会计法下，进行收购的公司将目标公司的资产以实际支付价格入账），直到每个人摊开账本才明白到底得到了什么"。

大组织难题

对组织管理规模的最佳研究来自人类学家罗宾·邓巴（Robin Dunbar），名著《引爆点》（*The Tipping Point*）作者马尔科姆·格拉德威尔（Malcolm Gladwell）向我们介绍了邓巴的工作。

邓巴的课题是研究人类社会能力（Social Capacity），即研究人类能够管理并且感觉舒适的群体范围有多大。他发现，人类是灵长类动物中最大的社群，因为人类是唯一拥有足够大的大脑处理社交安排的复杂动物。他还发现，150看来代表了最大的个体数字，在这个数字之下发展的社交关系，人们能搞清这些人是谁，以及他们和自己的关系。

格拉德威尔从邓巴的著作中摘录出以下观点，切中了规模过大的核心问题：

组织的规模越大，就必须施行复杂的等级制度、规则、规矩等正式的措施以控制忠诚度和凝聚力。企业或组织的员工人数在150人以下时，非正式的方式可达到相同目的，依靠个人忠诚度和直接人际交流命令就能被执行，不守规矩的行为也得以控制。在更大的组织里，这种方式是做不到的。

个人痕印

在大企业中还有更为复杂的情况，人们有表现自我价值的本能，在面临决策对企业或个人哪个更有利时，人类在很多情况下会选择有利于个人或个人事业的决策。这种现象的另一种说法就是"印上个人痕迹"。

在经历商界的数十年中，我从未看到某个企业人接到一项新任务后环顾左右说"情况看上去非常好，一切照旧。"相反，所有热血的企业人都想着手做些改善工作，想要印上个人痕迹，不做点"贡献"就会心存别扭。当一家企业的办公室人满为患时，肯定有很多人在对品牌做些拙劣的改善工作，最终引导企业陷入麻烦。

可以说，这就是一个品牌是怎样陷入困境的，手下员工越多，管理难度就越大。

忙碌的CEO

追求增长和壮大规模，使很多超级大企业苦苦奋斗。戴姆勒－克莱斯勒（Daimler Chrysler）汽车集团削减了克莱斯勒的26 000个职位，美洲银行（Bank of America

Corporation）和第一银行（Bank One）合并后正努力降低居高不下的成本。

《华尔街日报》（*Wall Street Journal*）文章讨论了CEO们管理大企业的艰辛，论及管理企业多了"新的难度和新的混乱"，并在文章最后对问题做出总结：

> 资本在全球横行，经济潮起潮落，而顾客喜好捉摸不定。同时信息传递迅疾，关于收入预测及各类所作所为的传言随时蔓延，盲目行动或错误会受到更严格的审视。CEO必须依据有限的信息迅速做出决策，而多年来急剧扩张的业务部门使得原本简单的日常工作，比如和员工的沟通，都变得日益困难。

脱离市场

CEO当前流行的做法是借助新技术。有的CEO定期向3万名员工发送电子邮件，征求他们的意见反馈。有的CEO中不断通过电话会议发表相同内容的演讲，以求信息不被混淆，有的CEO则进行不停的商务飞行，每年航程很轻易就超过15万英里。

我发现真正危险的举动，是CEO们花在公关和投资者关系上的时间越来越多。有的CEO每周要花一天处理此类事务，其理由是："大股东总是要来访，企业总得和重要股东对话，这是惯例"。

这意味着另有他人在负责公司每天的业务，意味着这些大公司的CEO没有充足时间参与重要决策。这会让他们在今后尝到苦果，而现在CEO的离职率已在上升。

CEO已忘记，他的主战场在顾客心智，他必须于此中了解自己公司和竞争对手的形势。

商业即是战争，每个企业都在打一场营销战，而战场就是顾客心智。

营销之重，绝非营销部门所能承担。

重返现实

虽然CEO如今无法跟踪每件事情的进展，但是有一样他们必须关注，那就是市场现实。

企业处于全球一体化的大竞争时代，商业即是战争，每个企业都在打一场营销战，而战场就是顾客心智。如果企业获得一个新产品，首先要询问市场上类似的产品有哪些，接下来找出顾客买自己产品而不是竞争对手产品的理由。如果回答不具说服力，就重新设计产品。首要的定位法则是：开创新品类成为第一，胜过推出更好的产品。

战略就是重返现实市场，让自己的企业和产品与众不同，并将差异化植入顾客心智，建立鲜明品牌。

惠普公司创办人大卫·帕卡德（David Packard）有一句至理名言，作为本书结语最为恰当："营销之重，绝非营销部门所能承担。"

小 结

Goals are like dreams.
Wake up and face reality.

目标如梦,

醒来,面对现实。

附录A
定位思想应用

定位思想
正在以下组织或品牌中得到运用

• 王老吉：6年超越可口可乐

王老吉凉茶曾在年销售额1个多亿徘徊数年，2002年借助"怕上火"的定位概念由广东成功走向全国，2008年销售额达到120亿元，成功超越可口可乐在中国的销售额。

• 东阿阿胶：5年市值增长15倍

2005年，东阿阿胶的增长出现停滞，公司市值处于20亿元左右的规模。随着东阿阿胶"滋补三大宝"定位的实施，以及在此基础上多品牌定位战略的展开，公司重回高速发展之路，2010年市值超300亿元。

……

劲霸男装、香飘飘奶茶、芙蓉王香烟、乡村基快餐、方太厨电、雅迪电动车、九阳豆浆机、乌江涪陵榨菜、会稽山绍兴酒、大长江集团（豪爵摩托）、立白集团、燕京集团、九龙斋酸梅汤、太阳纸业，等等。

• "棒！约翰"：以小击大，战胜必胜客

《华尔街日报》说"谁说小人物不能打败大人物？"时，就是指"棒！约翰"以小击大，痛击必胜客的故事。特劳特帮助它把

自己定位成一个聚焦原料的公司——更好的原料、更好的比萨，此举使"棒！约翰"在美国已成为公认最成功的比萨店之一。

- **IBM：成功转型，走出困境**

IBM公司1993年巨亏160亿美元，特劳特先生将IBM品牌重新定位为"集成电脑服务商"，这一战略使得IBM成功转型，走出困境，2001年的净利润高达77亿美元。

- **莲花公司：绝处逢生**

莲花公司面临绝境，特劳特将它重新定位为"群组软件"，用来解决联网电脑上的同步运算。此举使莲花公司重获生机，并凭此赢得IBM青睐，以高达35亿美元的价格售出。

- **西南航空：超越三强**

针对美国航空的多级舱位和多重定价的竞争，特劳特将它重新定位为"单一舱级"的航空品牌，此举帮助西南航空从一大堆跟随者中脱颖而出，1997年起连续五年被《财富》杂志评为"美国最值得尊敬的公司"。

……

惠普、宝洁、汉堡王、美林、默克、雀巢、施乐、百事、宜家等《财富》500强企业、泽西联合银行、Repsol石油、ECO饮用水、七喜，等等。

附录B

企业家感言

如果说王老吉今天稍微有一点成绩的话，我觉得我们要感恩方方面面的因素，在这里有两位大贵人，这就是特劳特（中国）公司的邓德隆和陈奇峰。在我们整个发展的过程中，每一步非常关键的时刻，他们都出现了……其实，他们在过去的将近十年里一直陪伴着我们走过。

——加多宝集团（红罐王老吉）副总裁　阳爱星

特劳特战略定位理论能帮你跳出企业看企业，透过现象看本质，从竞争导向、战略定位、顾客心智等方面来审视解决企业发展过程中的问题。特劳特，多年来一直是劲霸男装品牌发展的战略顾问；定位理论，多年来一直是劲霸男装3 000多个营销终端的品牌圣经。明确品牌定位，进而明白如何坚持定位，明确方向，进而找到方法，这就是定位的价值和意义。

——劲霸男装股份有限公司总裁　洪忠信

邓德隆的《2小时品牌素养》是让我一口气看完的书，也是对我影响最大的书，此书对定位理论阐述得如此透彻！九阳十几年聚焦于豆浆机的成长史，对照"定位理论"，竟如此契合，如同一个具体的案例！看完此书，我们更坚定了九阳的"定位"。

——九阳股份有限公司董事长　王旭宁

品牌，是市场竞争的基石，是企业基业长青的保证。企业在发展中的首要任务是打造品牌，特劳特是世界级大师，特劳特的定位理论指导了许多世界级企业取得竞争的胜利，学习后我们深受启发。

——燕京啤酒集团公司董事长　李福成

定位已经不是简单的理论和工具，它打开了一片天地，不再是学一个理论、学一个原理，真的是让自己看到了更广阔的天地。

——辉瑞投资公司市场总监　孙敏

好多年前我就看过有关定位的书，这次与我们各个事业部的总经理一起来学习，让自己对定位的理念更清晰，理解更深刻，对立白集团战略和各个品牌的定位明朗了很多。

——立白集团总裁　陈凯旋

在不同的条件下、不同的环境中，如何运用定位理论，去找到企业的定位，去实现这个战略，我觉得企业应该用特劳特的方法很好地实现企业的战略，不管企业处于哪个阶段，这个理论越早走越好。

——江淮动力股份公司总经理　胡尔广

定位的关键首先是确立企业的竞争环境，认知自己的市场地位，认清楚和认识到自己的市场机会，这样确定后决定我们采用什么样的策略，这个策略包括获取什么样的心智资源，包括如何竞争取舍，运用什么样的品牌，包括在品牌不同的生命周期、不同的生命阶段采用什么样的战术去攻防。总之，这是我所经历的最实战的战略课程。

——迪马实业股份公司总经理　贾浚

战略定位，简而不单，心智导师，品牌摇篮。我会带着定位的理念回到我们公司进一步消化，希望能够借助定位的理论帮助我们公司发展。

——IBM（中国）公司合伙人 夏志红

从事广告行业15年，服务了100多个著名品牌，了解了定位的相关理论后，回过头再一看：但凡一个成功的企业，或者一个成功的企业家，都不同程度地遵循并且坚持了品牌定位理论的精髓，并都视品牌为主要的竞争工具。我这里所说的成功企业，并不就是所谓的大企业（规模巨大或无所不能），而是拥有深深占领了消费者心智资源的强势品牌。这样的成功企业，至少能有很好的利润、长久的生存基础，因而一定拥有真正的竞争优势。

——三人行广告有限公司董事长 胡栋龙

定位理论对企业的发展是至关重要的，餐饮行业非常需要这样一个世界顶级智慧来做引导。回顾乡村基的发展历程，我已领悟到"定位"的重要性，在听了本次定位课程之后，有了更加清晰的认识和系统的理论基础，我也更有信心将乡村基打造成为"中国快餐第一品牌"！

——乡村基国际餐饮有限公司董事长 李红

心智为王，归纳了我们品牌成长14年的历程，这是极强的共鸣；心智战略，指明了所有企业发展的正确方向，这是我们中国的福音；心智定位，对企业领导者提出了更高的要求，知识性企业的时代来临了。

——漫步者科技股份公司董事长 张文东

定位的本质是解决占有消费者心智资源的问题。品牌的本质是解决心智资源占有数量和质量的问题。从很大意义上来说，定位是因，品牌是果。定位之后的系统整合和一系列营销活动，实际上是在消费者的大脑里创建或强化一种心智模式，或者是重新改善对待品牌的心智模式。当这种心智资源被占有到一定程度（可用销量或市场占有率来衡量），或心智模式已在较大市场范围明确确立时，则形成了品牌力，而品牌力即构成了竞争力的核心，品牌战略则是有效延续和扩大核心竞争优势的方针性举措。

——奇正藏药总经理　李志民

消费者"心智"之真，企业、品牌"定位"之初，始于"品牌素养"之悟！

——乌江榨菜集团董事长兼总经理　周斌全

盘点改革开放30年来中国企业的成长史，对于定位理论的研究和运用仍然凤毛麟角。企业成败的案例已经证明：能否在大变动时代实现有效的定位，成为所有企业面临的更加迫切的问题。谁将赢得下一个30年？就看企业是不是专业、专注、专心去做自己最专长的事！

——西洋集团副总经理　仇广纯

格兰仕的成功印证了"品牌"对于企业的重要价值，能否在激烈的市场竞争中准确定位，已成为企业生存发展的关键。

——格兰仕集团常务副总裁　俞尧昌

科特勒新营销系列

书号	书名	定价	作者
978-7-111-71337-1	营销革命5.0：以人为本的技术	69.00	(美) 菲利普·科特勒
978-7-111-66272-3	什么是营销	69.00	曹虎王赛 科特勒咨询集团(中国)
978-7-111-62454-7	菲利普·科特勒传:世界皆营销	69.00	(美) 菲利普·科特勒
978-7-111-63264-1	米尔顿·科特勒传:奋斗或死亡	79.00	(美) 菲利普·科特勒
978-7-111-58599-2	营销革命4.0:从传统到数字	45.00	(美) 菲利普·科特勒
978-7-111-61974-1	营销革命3.0:从价值到值观的营销(轻携版)	59.00	(美) 菲利普·科特勒
978-7-111-61739-6	水平营销:突破性创意的探寻法(轻携版)	59.00	(美) 菲利普·科特勒
978-7-111-55638-1	数字时代的营销战略	99.00	(美) 艾拉·考夫曼 (中) 曹虎 王赛 乔林
978-7-111-66381-2	社交媒体营销实践指南(原书第3版)	69.00	(德) 马克·奥弗· (美) 菲利普·科特勒 (丹) 斯文德·霍伦森

定位经典丛书

序号	ISBN	书名	作者
1	978-7-111-57797-3	定位（经典重译版）	（美）艾·里斯、杰克·特劳特
2	978-7-111-57823-9	商战（经典重译版）	（美）艾·里斯、杰克·特劳特
3	978-7-111-32672-4	简单的力量	（美）杰克·特劳特、史蒂夫·里夫金
4	978-7-111-32734-9	什么是战略	（美）杰克·特劳特
5	978-7-111-57995-3	显而易见（经典重译版版）	（美）杰克·特劳特
6	978-7-111-57825-3	重新定位（经典重译版）	（美）杰克·特劳特、史蒂夫·里夫金
7	978-7-111-34814-6	与众不同（珍藏版）	（美）杰克·特劳特、史蒂夫·里夫金
8	978-7-111-57824-6	特劳特营销十要	（美）杰克·特劳特
9	978-7-111-35368-3	大品牌大问题	（美）杰克·特劳特
10	978-7-111-35558-8	人生定位	（美）艾·里斯、杰克·特劳特
11	978-7-111-57822-2	营销革命（经典重译版）	（美）艾·里斯、杰克·特劳特
12	978-7-111-35676-9	2小时品牌素养（第3版）	邓德隆
13	978-7-111-66563-2	视觉锤（珍藏版）	（美）劳拉·里斯
14	978-7-111-43424-5	品牌22律	（美）艾·里斯、劳拉·里斯
15	978-7-111-43434-4	董事会里的战争	（美）艾·里斯、劳拉·里斯
16	978-7-111-43474-0	22条商规	（美）艾·里斯、杰克·特劳特
17	978-7-111-44657-6	聚焦	（美）艾·里斯
18	978-7-111-44364-3	品牌的起源	（美）艾·里斯、劳拉·里斯
19	978-7-111-44189-2	互联网商规11条	（美）艾·里斯、劳拉·里斯
20	978-7-111-43706-2	广告的没落 公关的崛起	（美）艾·里斯、劳拉·里斯
21	978-7-111-56830-8	品类战略（十周年实践版）	张云、王刚
22	978-7-111-62451-6	21世纪的定位：定位之父重新定义"定位"	（美）艾·里斯、劳拉·里斯 张云
23	978-7-111-71769-0	品类创新：成为第一的终极战略	张云

彼得·德鲁克全集